LIBRO PARA COLOREAR
Maravillas de la
NATURALEZA

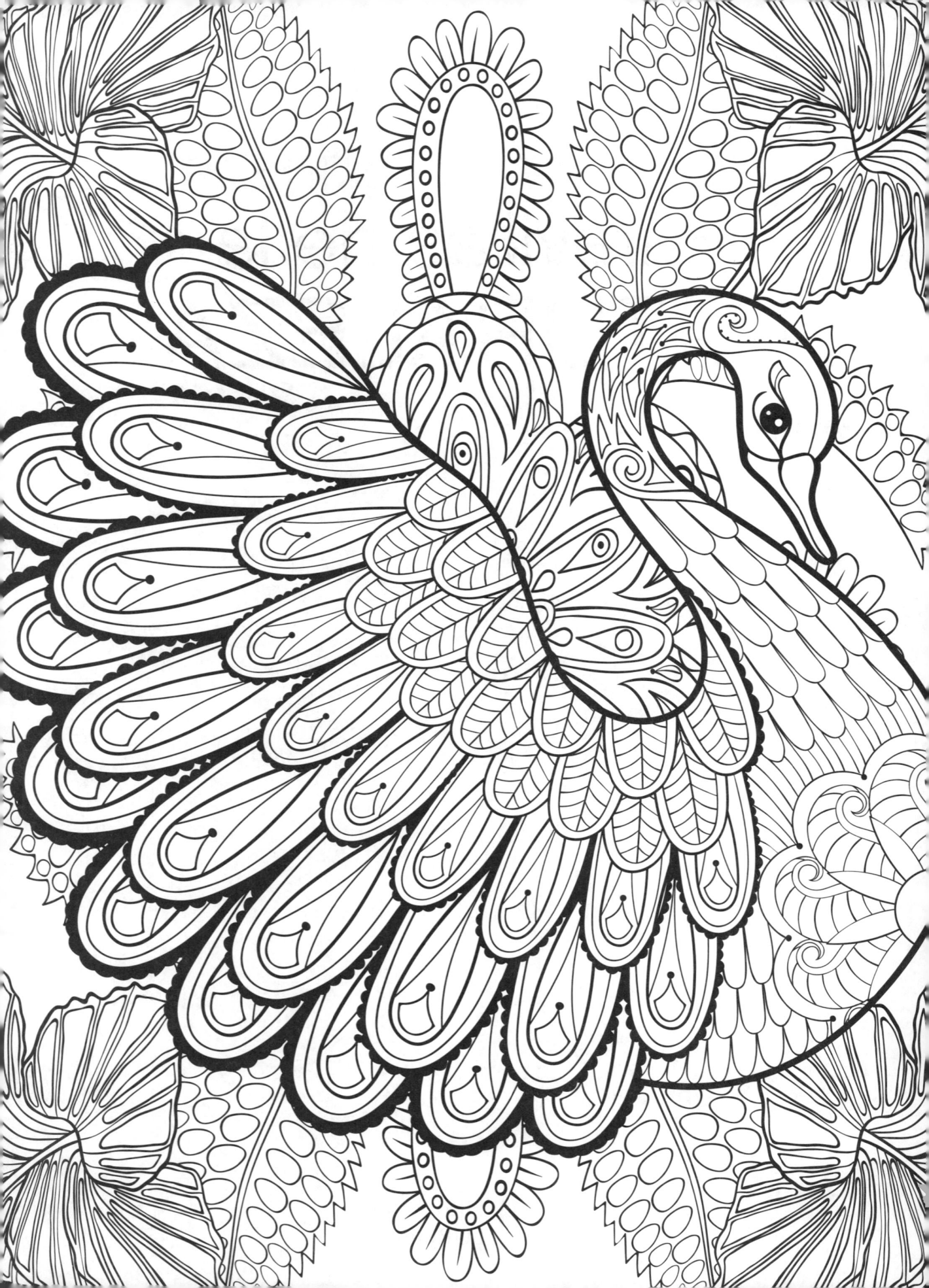

LIBRO PARA COLOREAR
Maravillas de la
NATURALEZA

Arte-terapia antiestrés

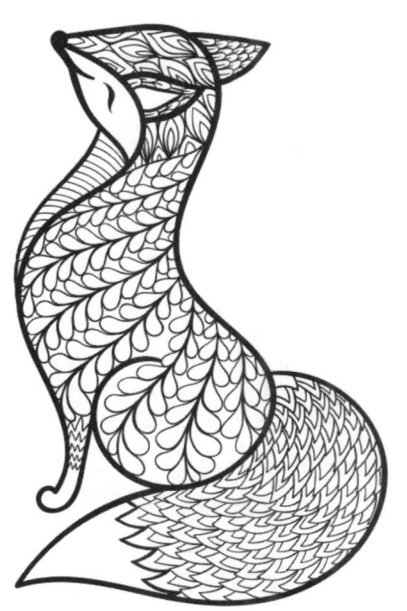

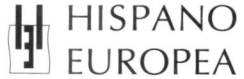
HISPANO
EUROPEA

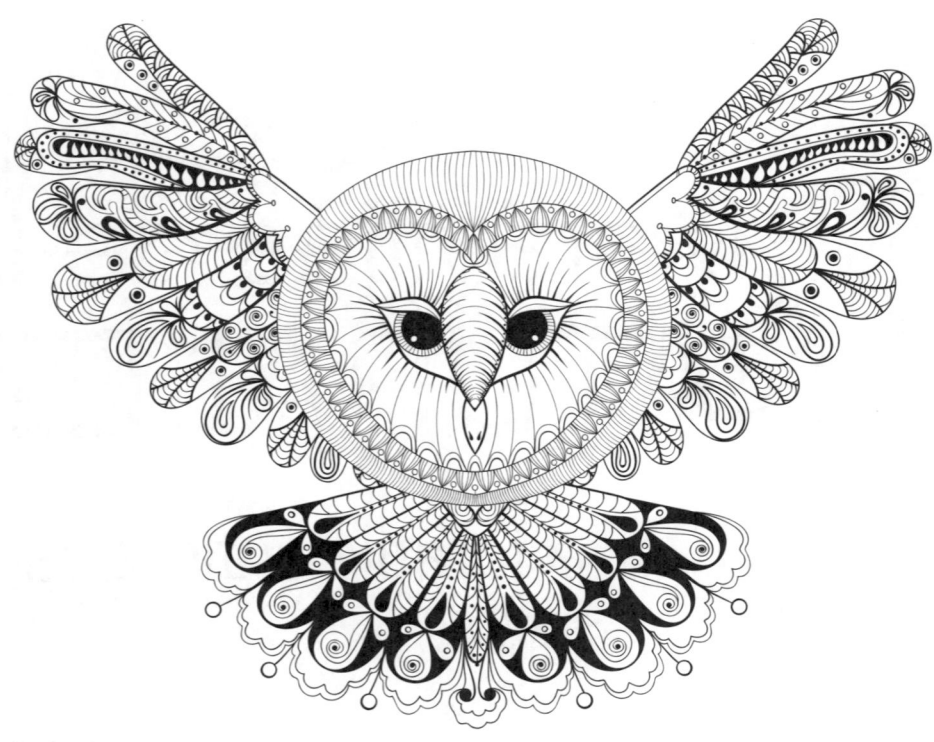

Título de la edición original:
The Wonders of Nature colouring book

Publicado por primera vez en lengua inglesa por:
Arcturus Publishing Limited
26/27 Bickels Yard, 151–153 Bermondsey Street,
London SE1 3HA

© Arcturus Holdings Limited

© de la edición en castellano, 2017:
Editorial Hispano Europea, S. A.
Passeig del Ferrocarril, 335, 2º 2ª
08860 Castelldefels (Barcelona), España
E-mail: hispanoeuropea@hispanoeuropea.com

© de la traducción: Esther Gil

Depósito Legal: B. 3663-2017

ISBN: 978-84-255-2134-8

Consulte nuestra web:

www.hispanoeuropea.com

Impreso en España
ARLEQUIN & PIERROT, S.L.
Can Pobla 16, nave 2 (Pol. Ind. Can Roqueta)
08202 Sabadell (Barcelona)

Introducción

Maravillas de la Naturaleza (Libro para colorear) resulta ideal para relajarse y desestresarse. Este artístico libro nos muestra dibujos intrincados de animales que conforman un auténtico desafío para colorearlos. Recordemos que los colores tienen muchas más ventajas ocultas. El hecho de seleccionar y combinar los colores para crear un dibujo estimula nuestro lado creativo del cerebro y agudiza nuestro sentido decorativo en general, una habilidad que podremos aplicar a la hora de comprar ropa, decorar el jardín o la casa.

En el sosegado mundo del dibujo podemos crear algo único a la vez que apaciguamos la mente y nos centramos en el momento presente. Las figuras de estas páginas son el medio perfecto para desarrollar esta actividad de meditación. Esperamos que disfrutes coloreándolas y explorando sus muchos beneficios.

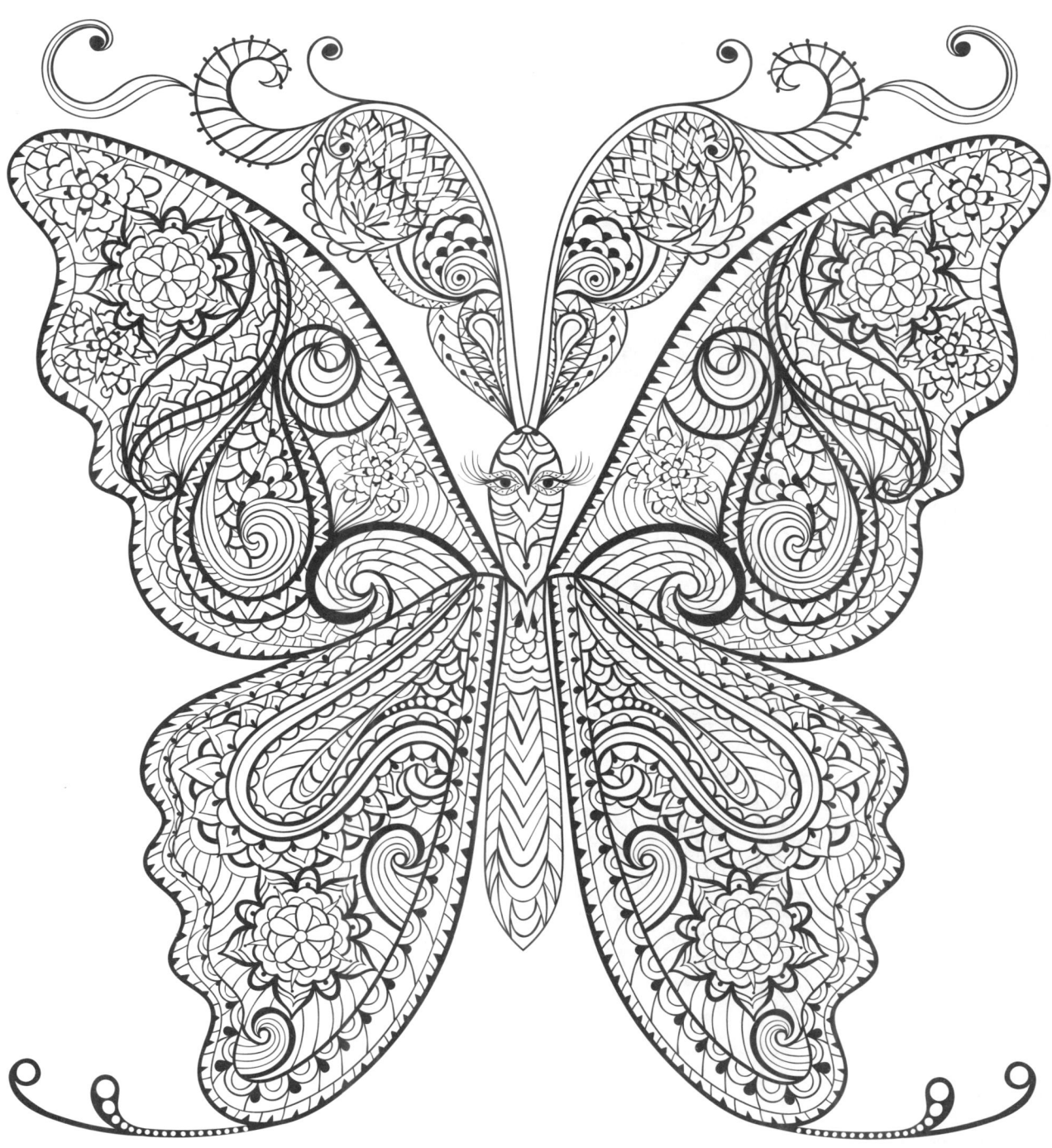

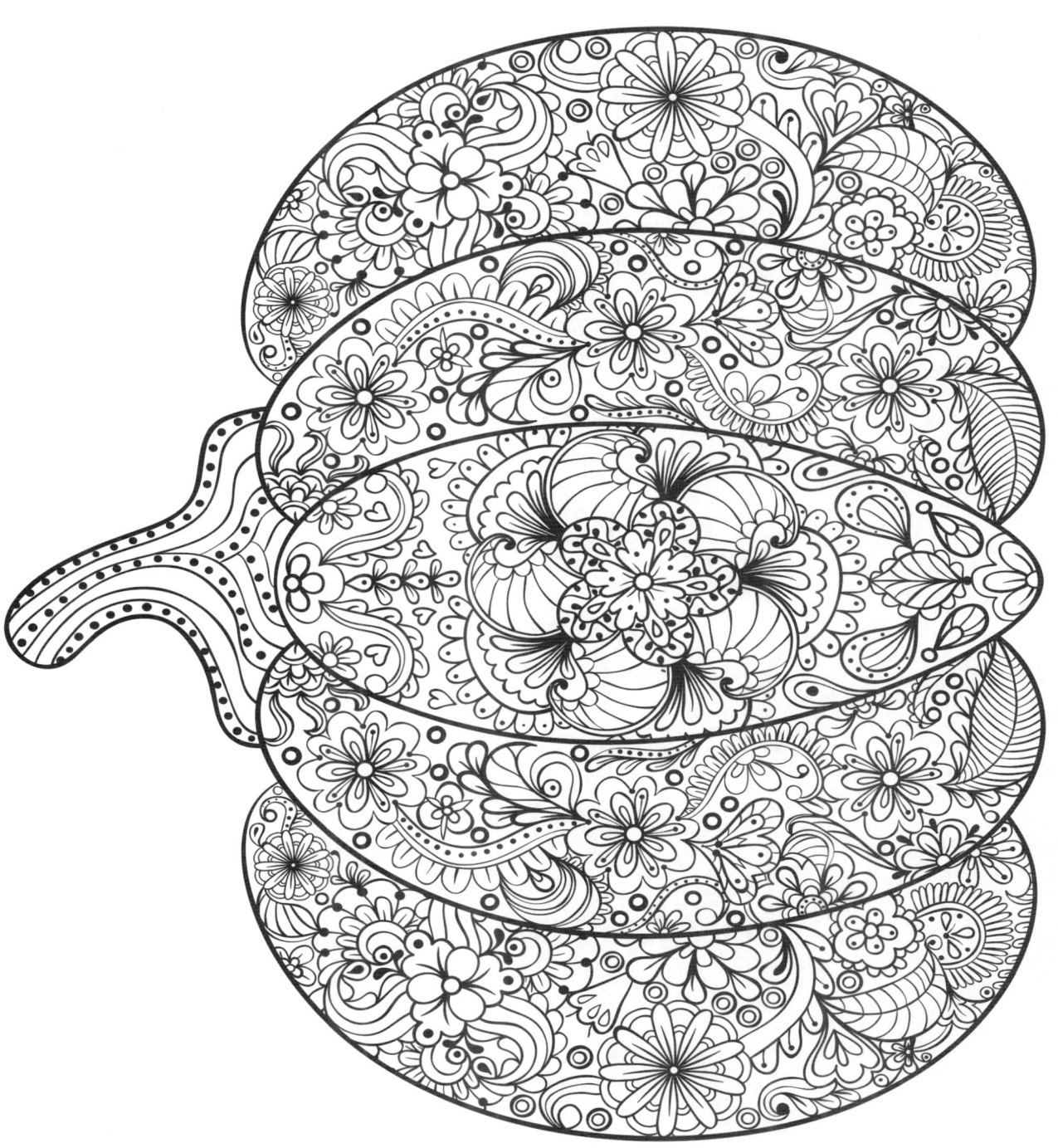

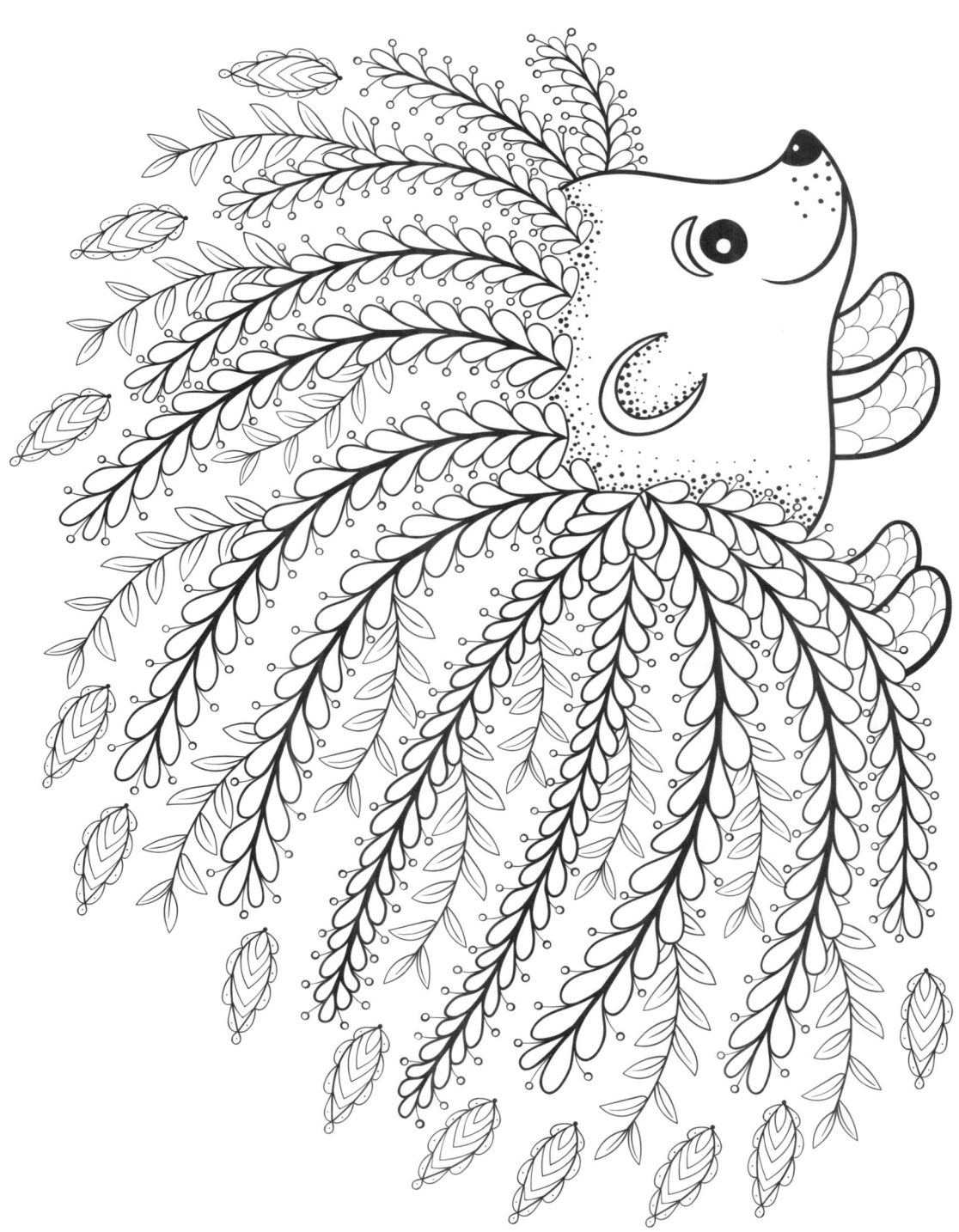

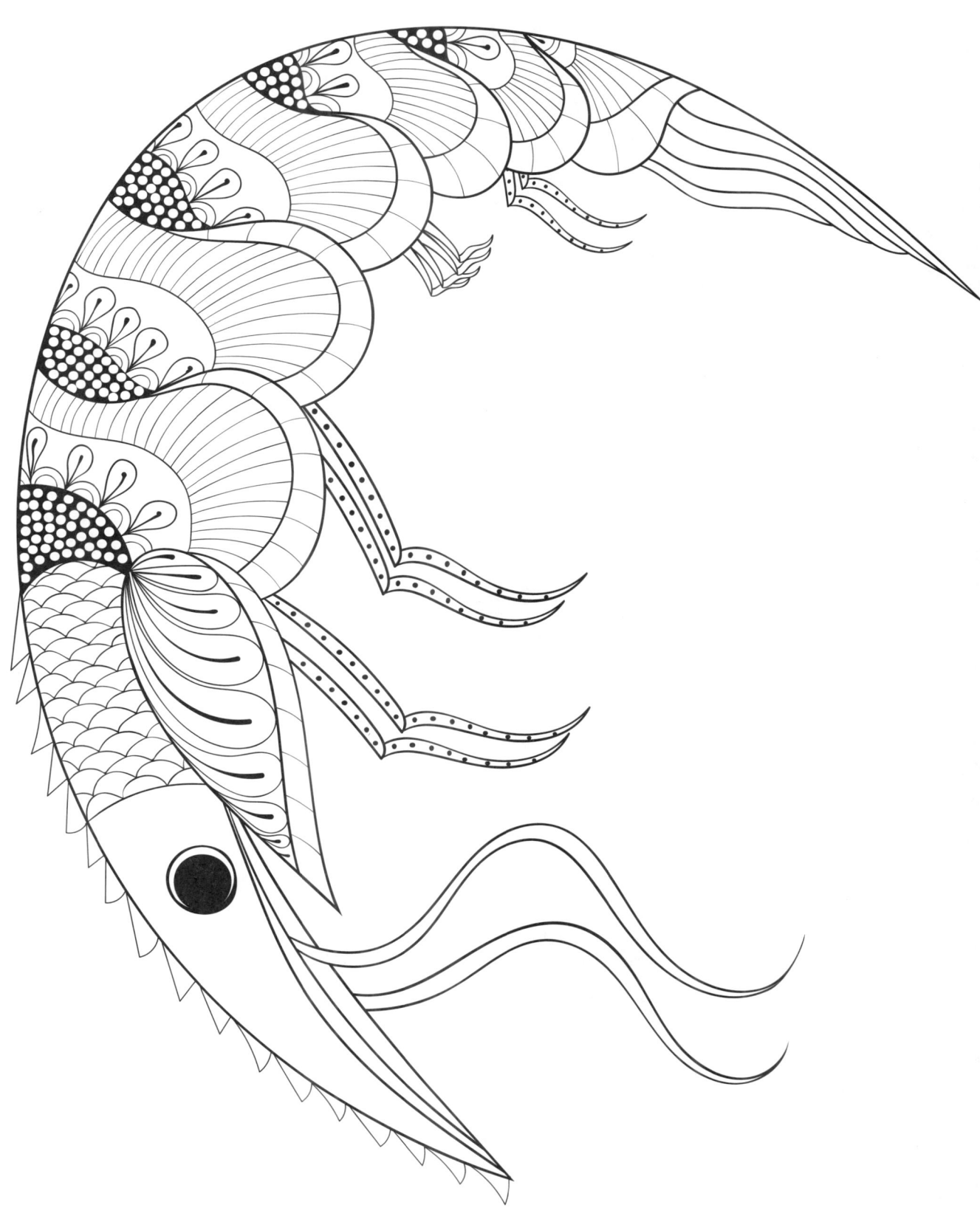

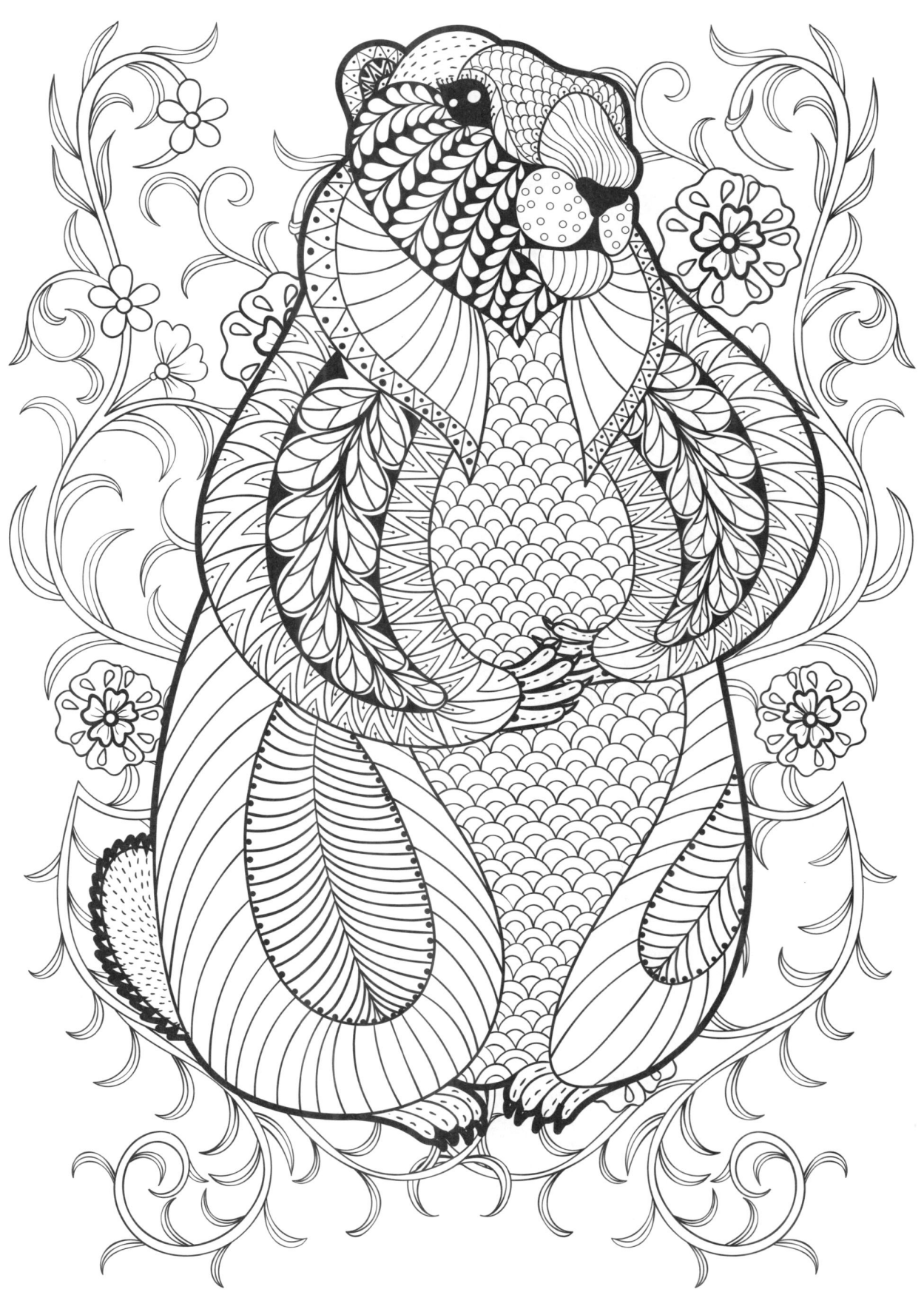

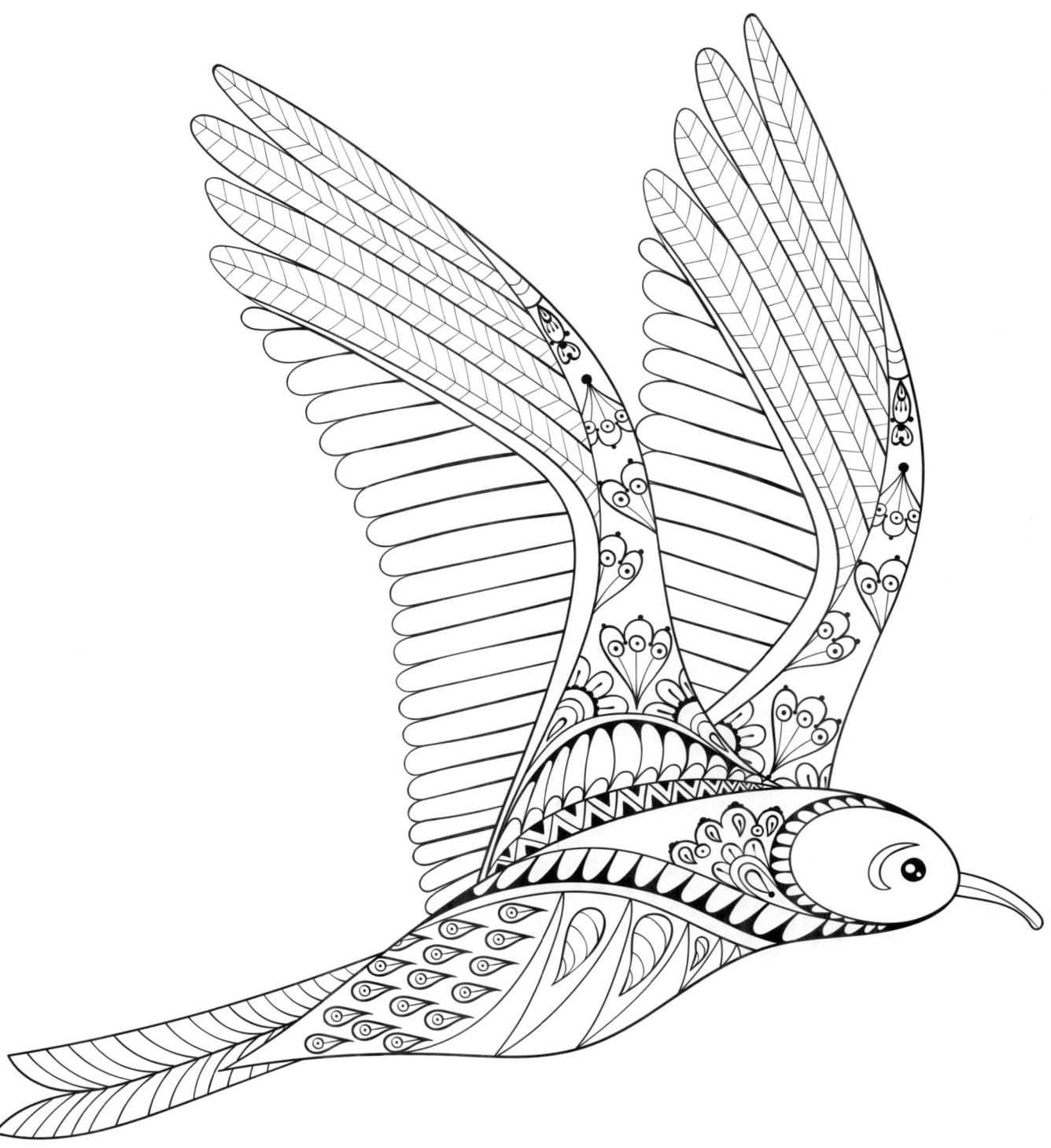

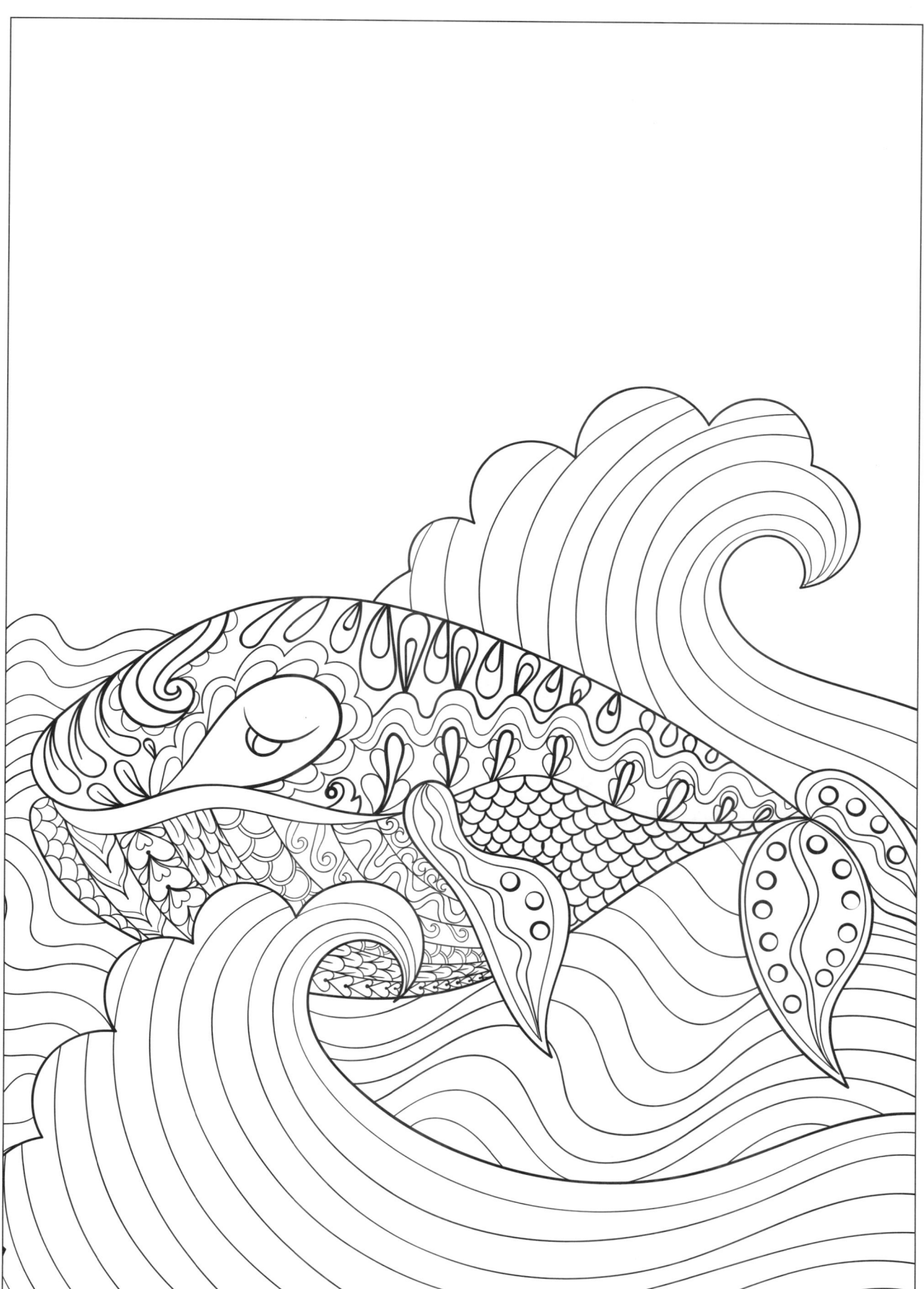

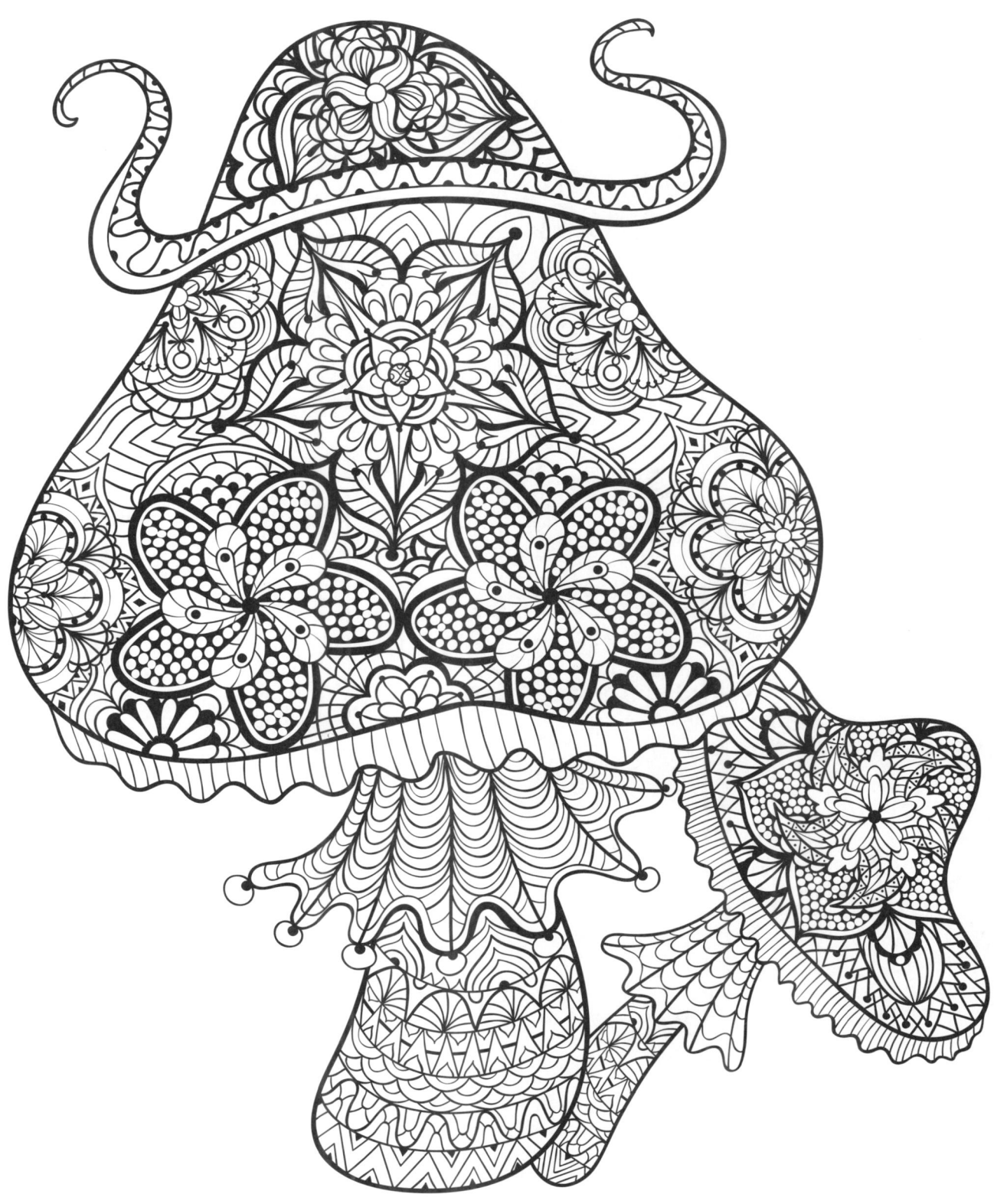

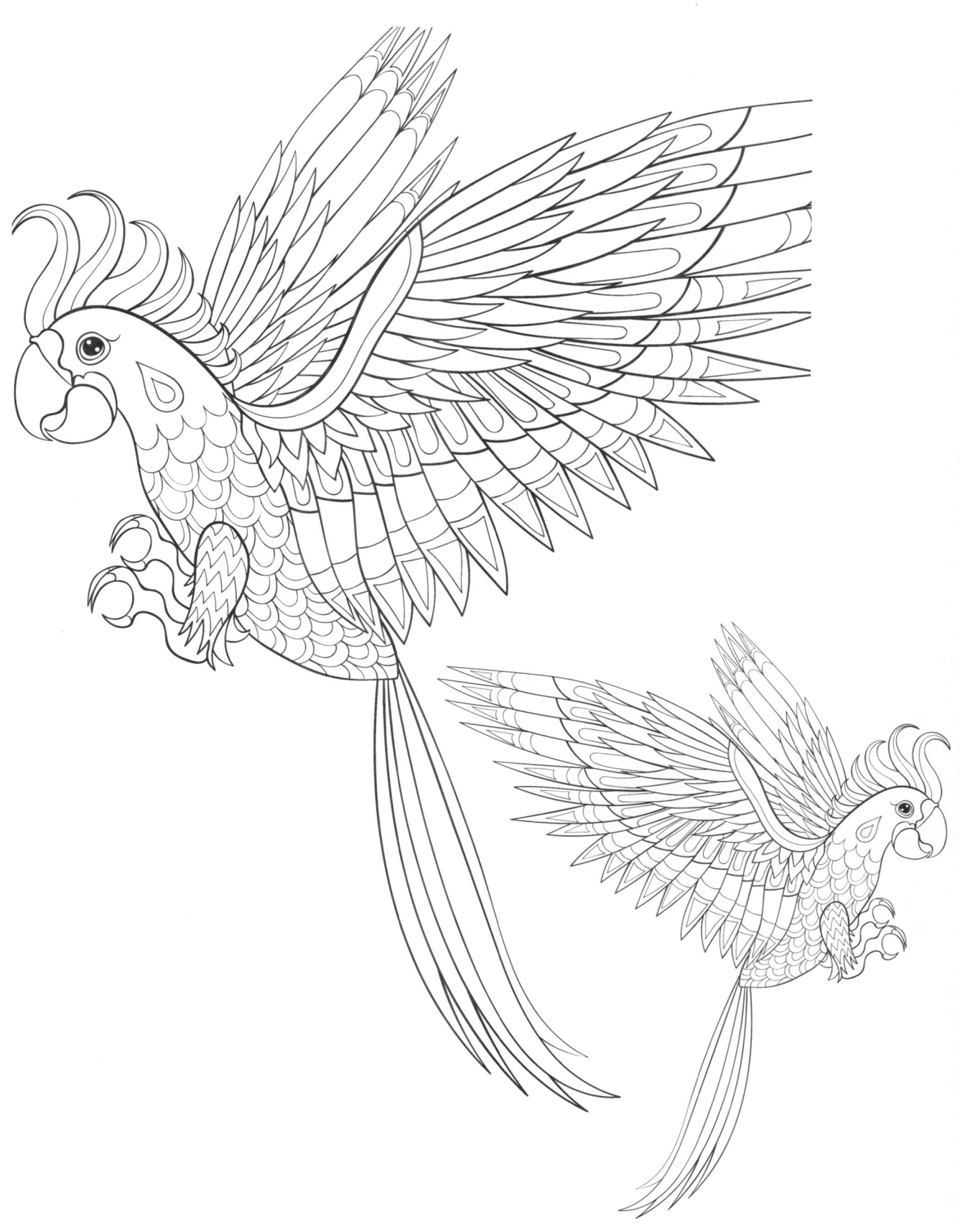

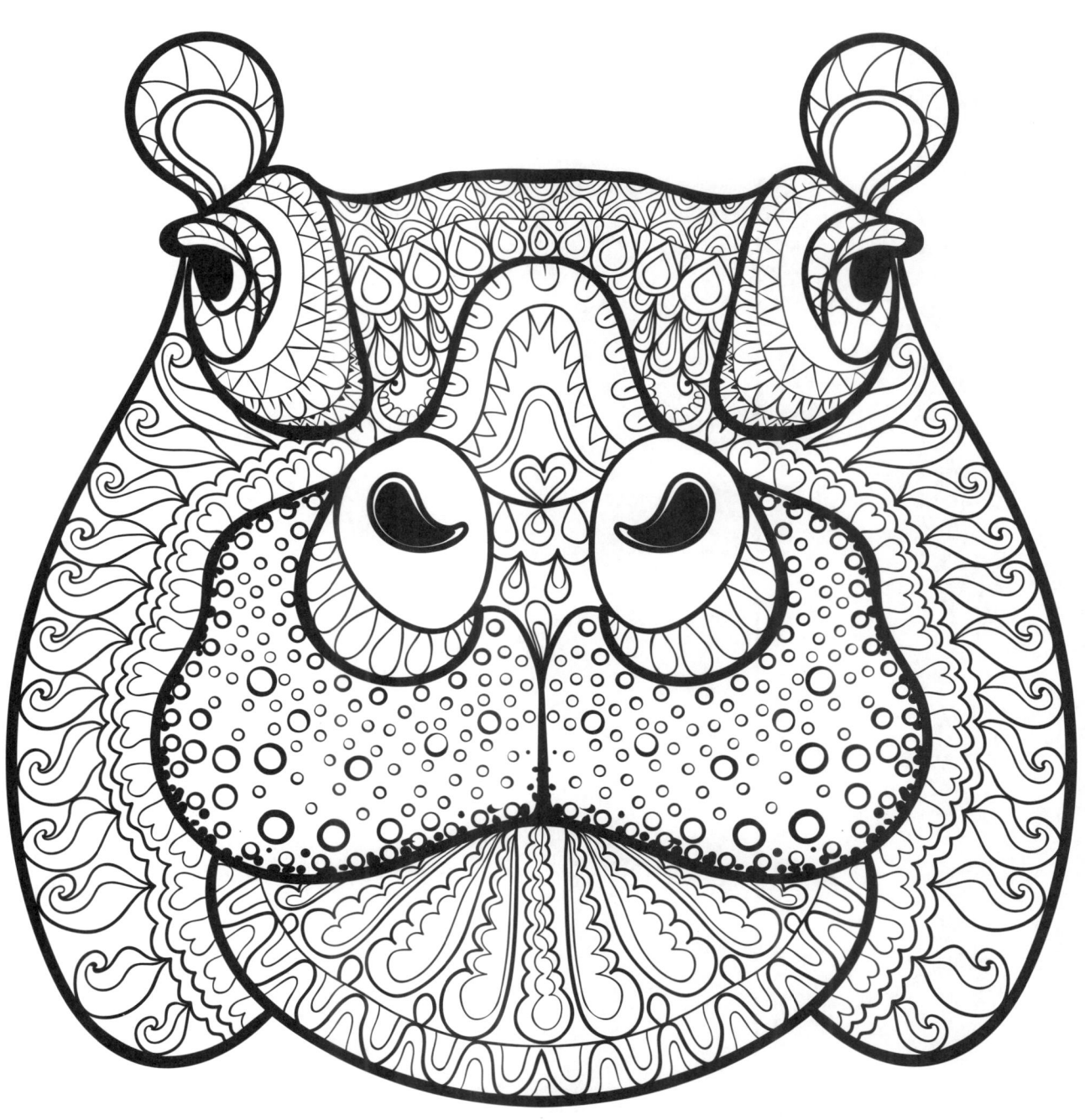

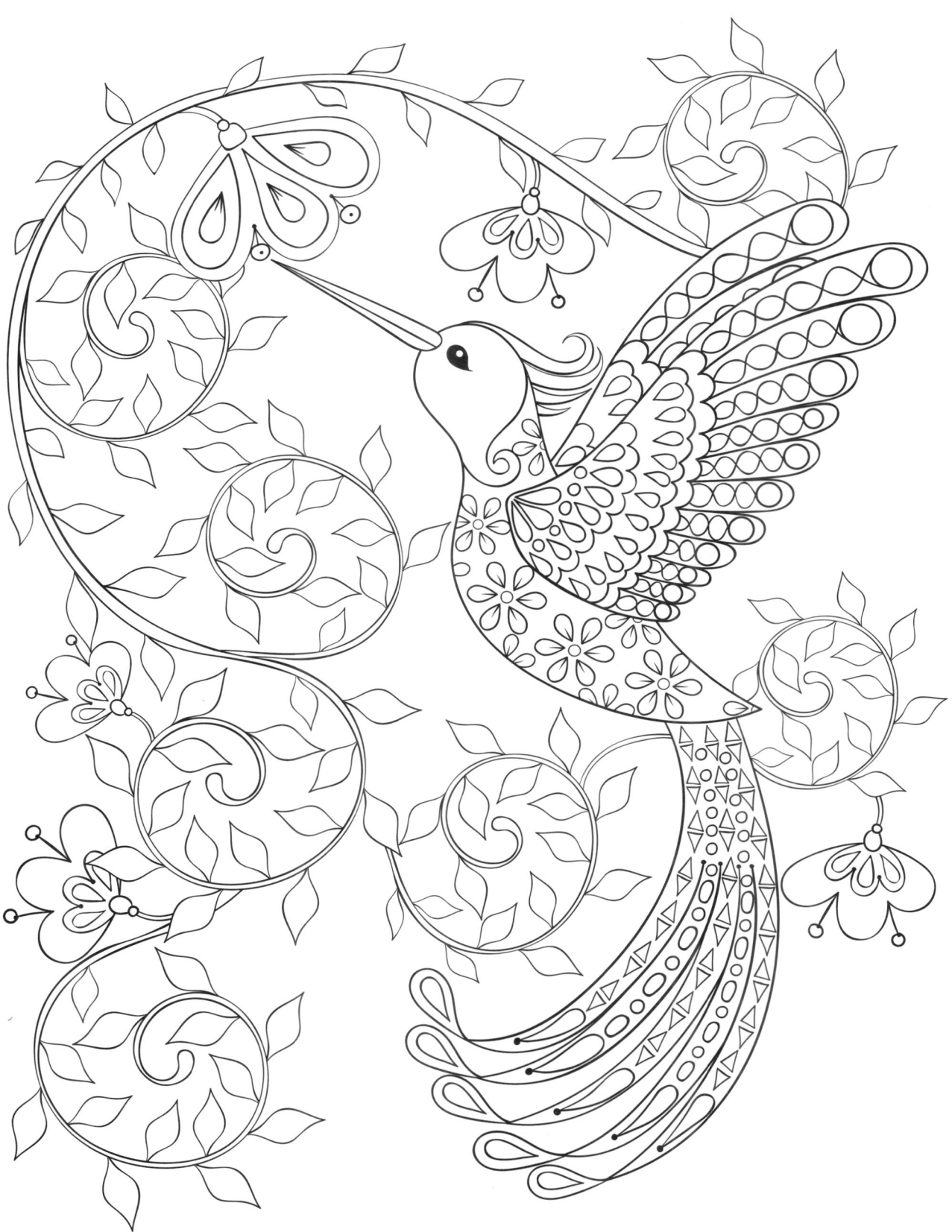

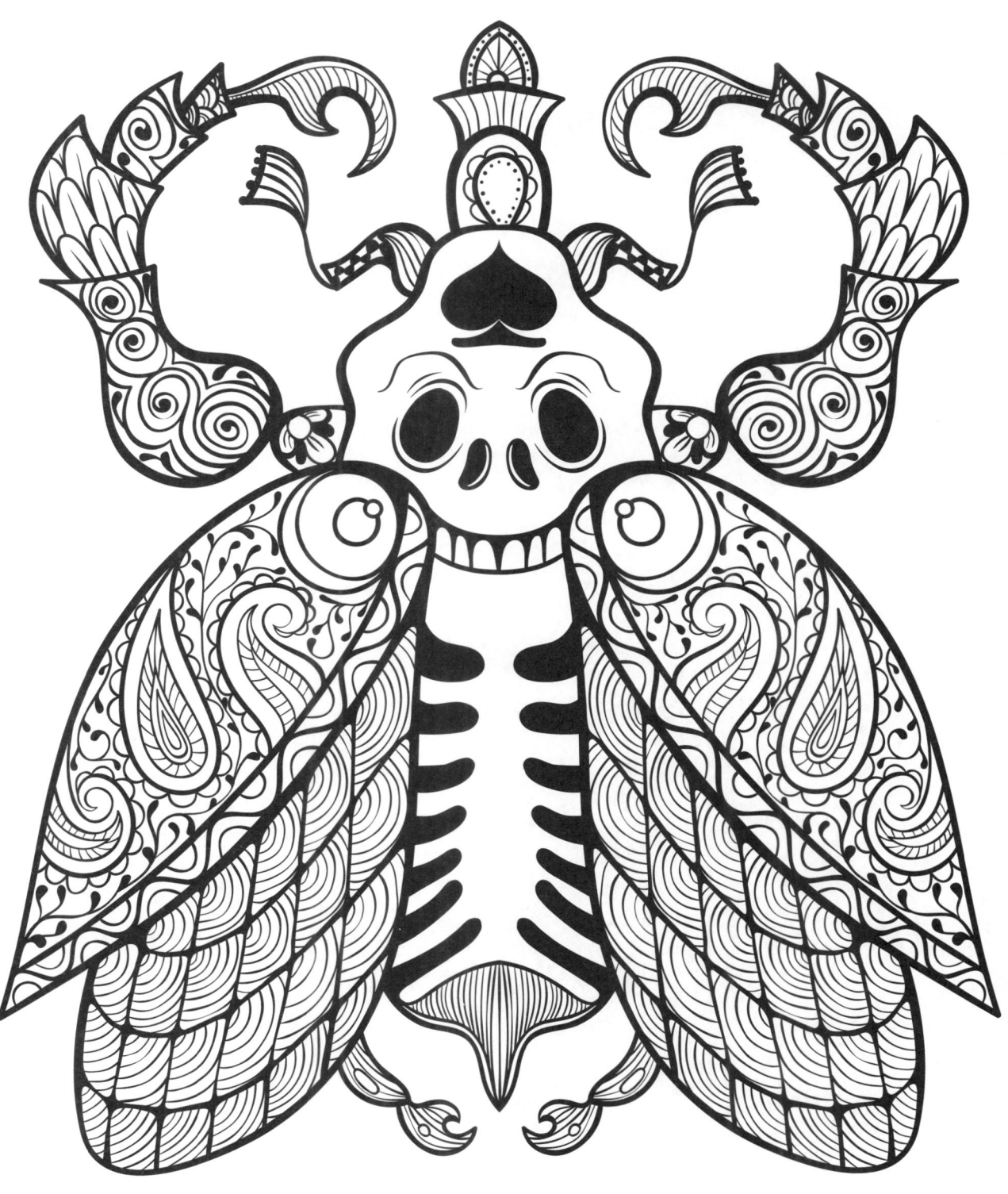

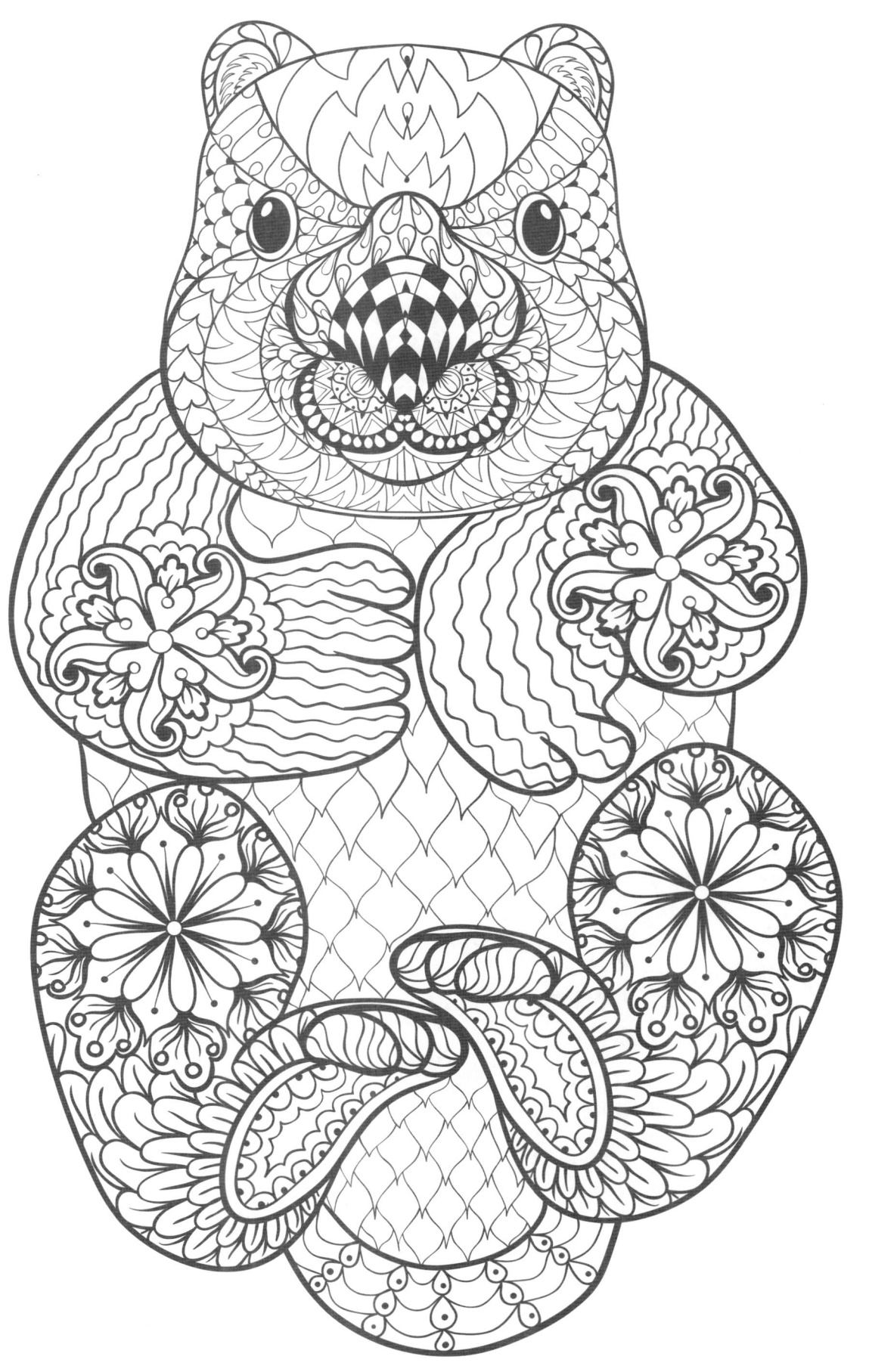

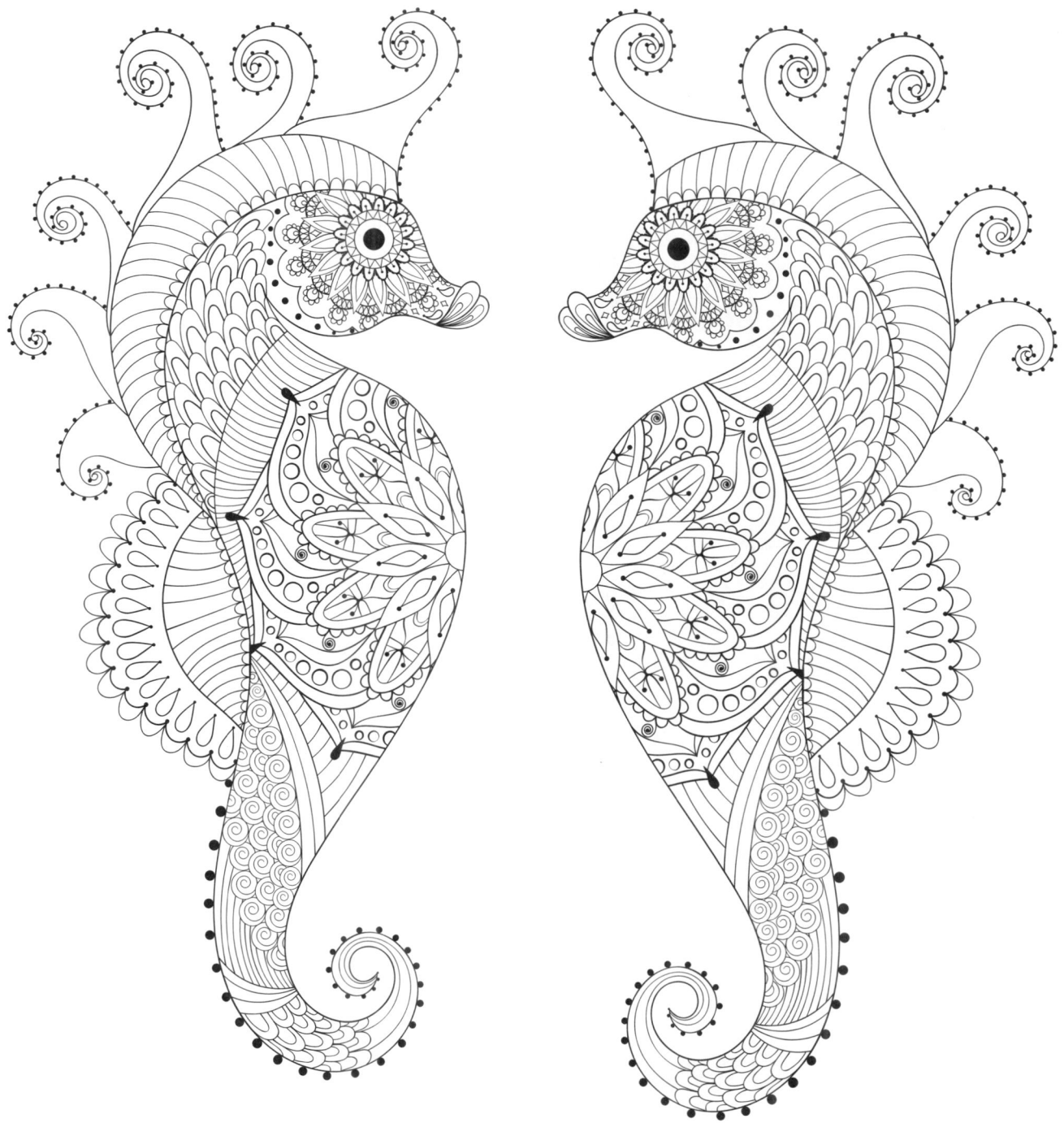

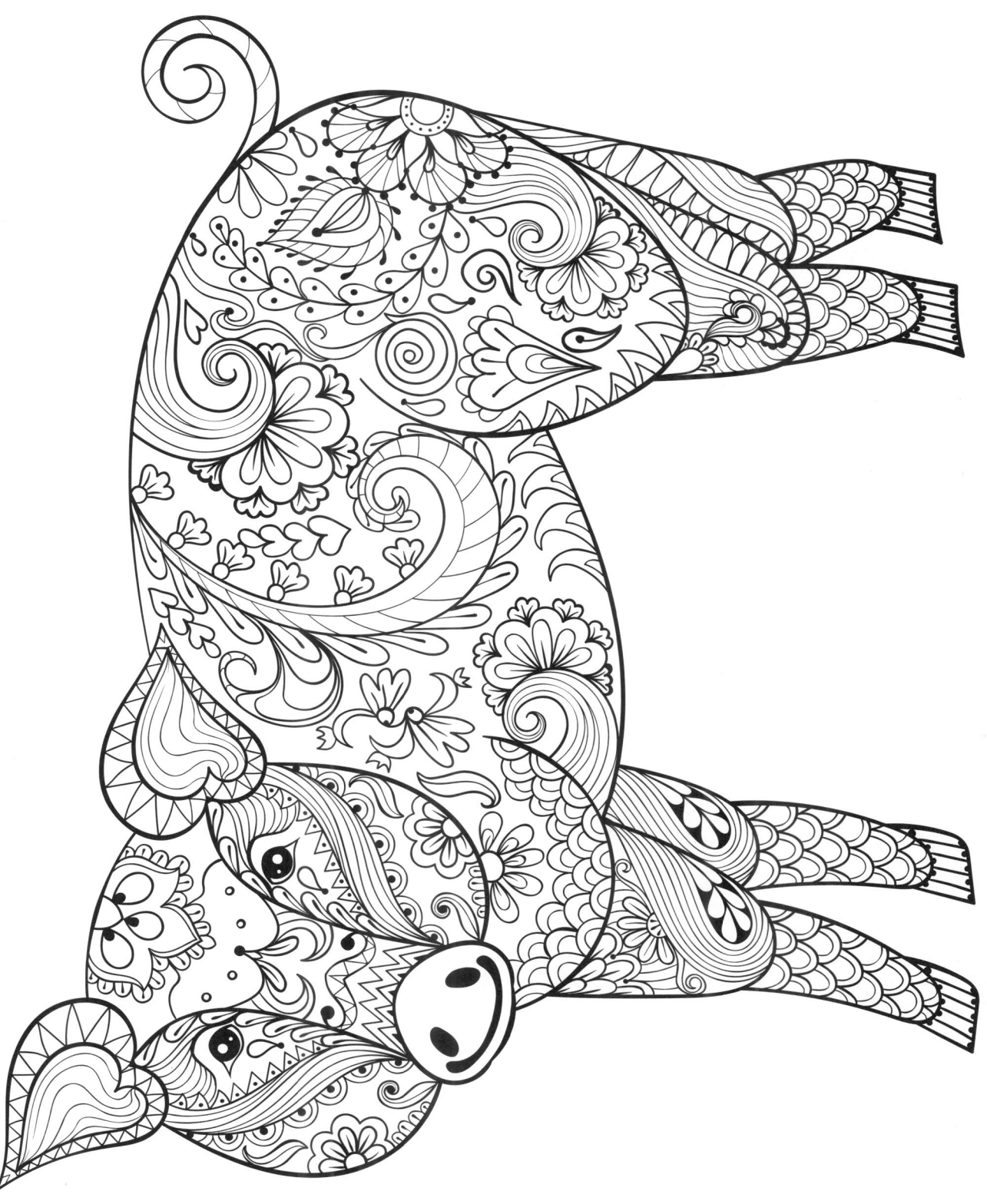

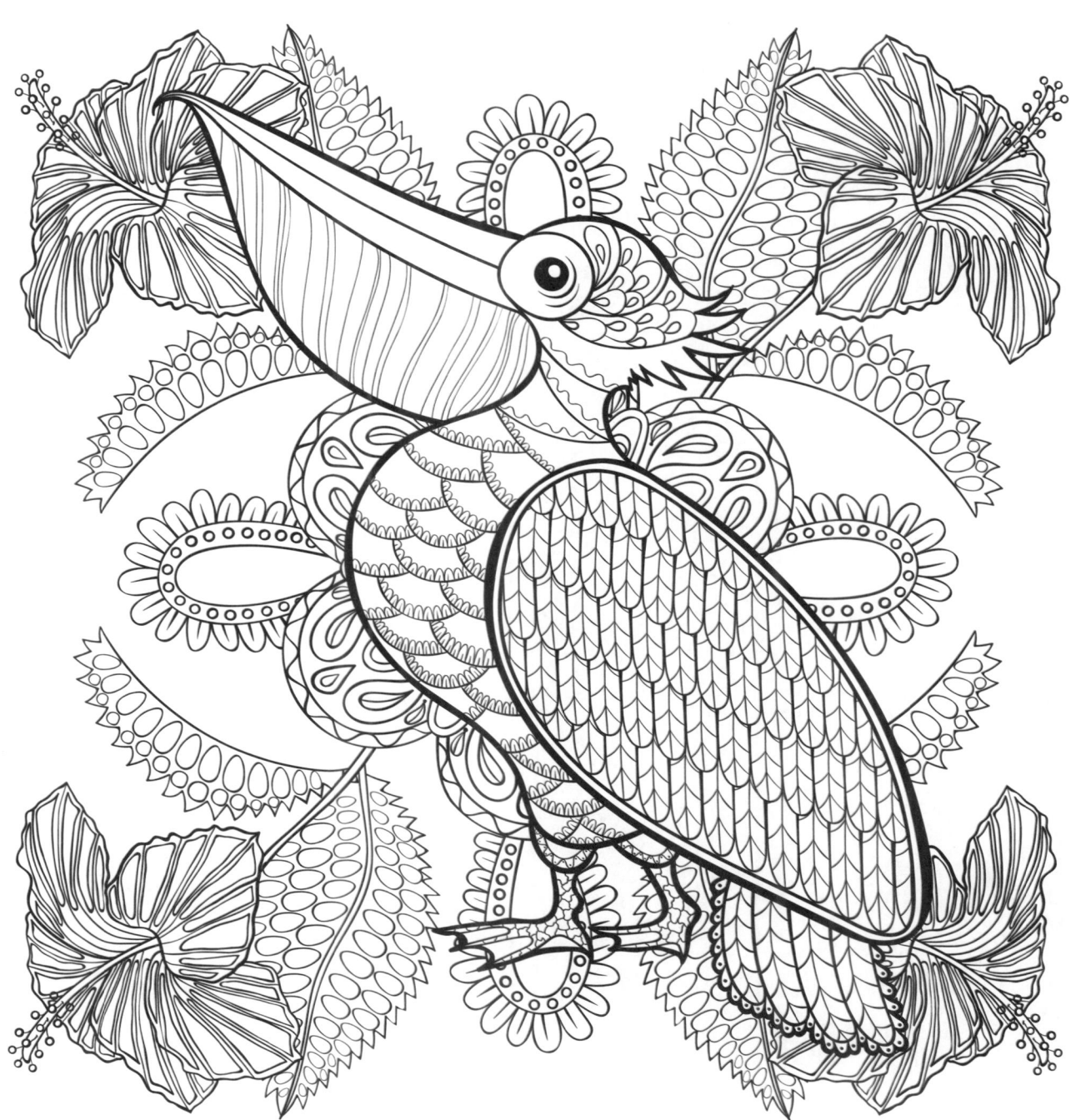

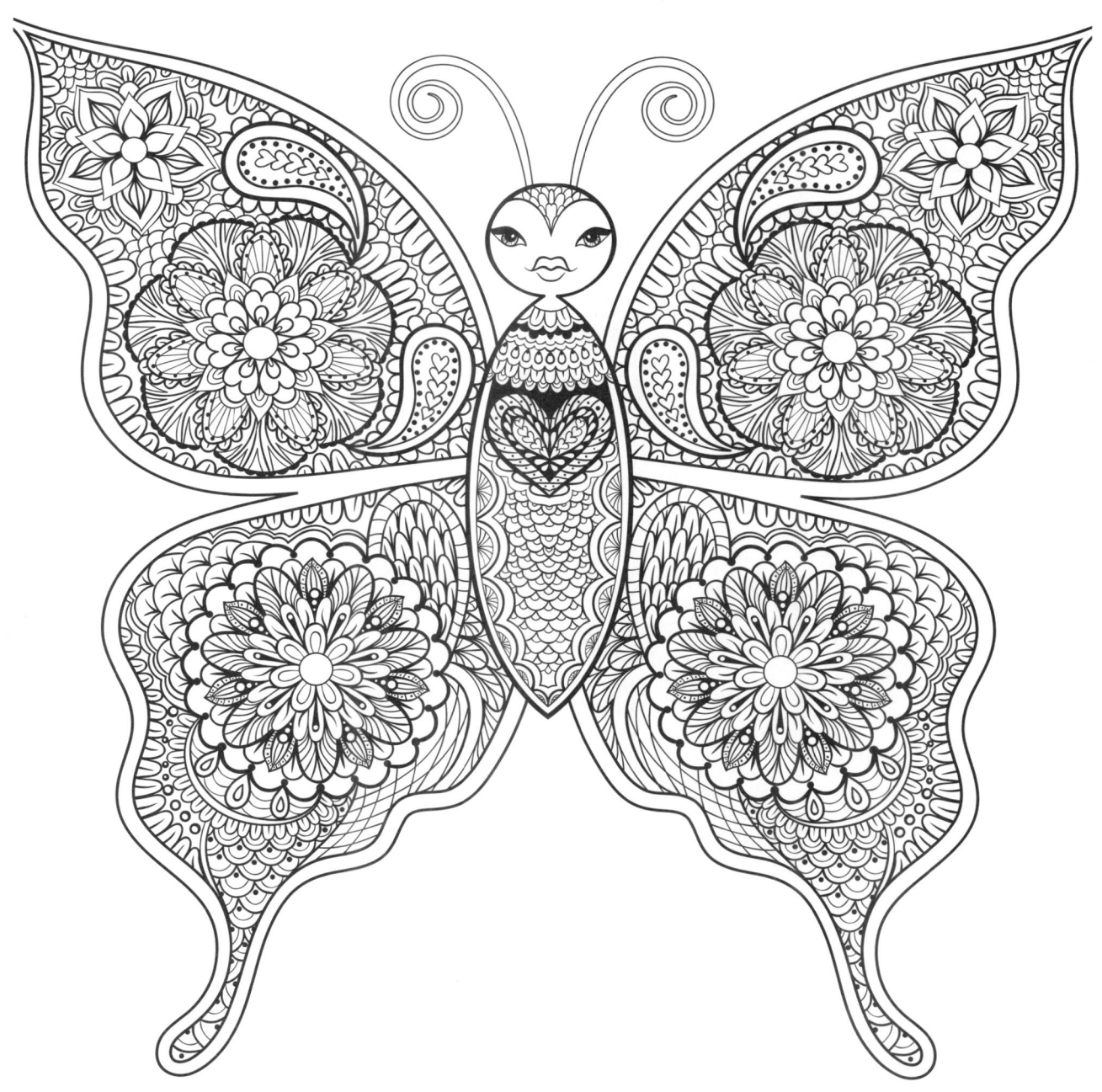

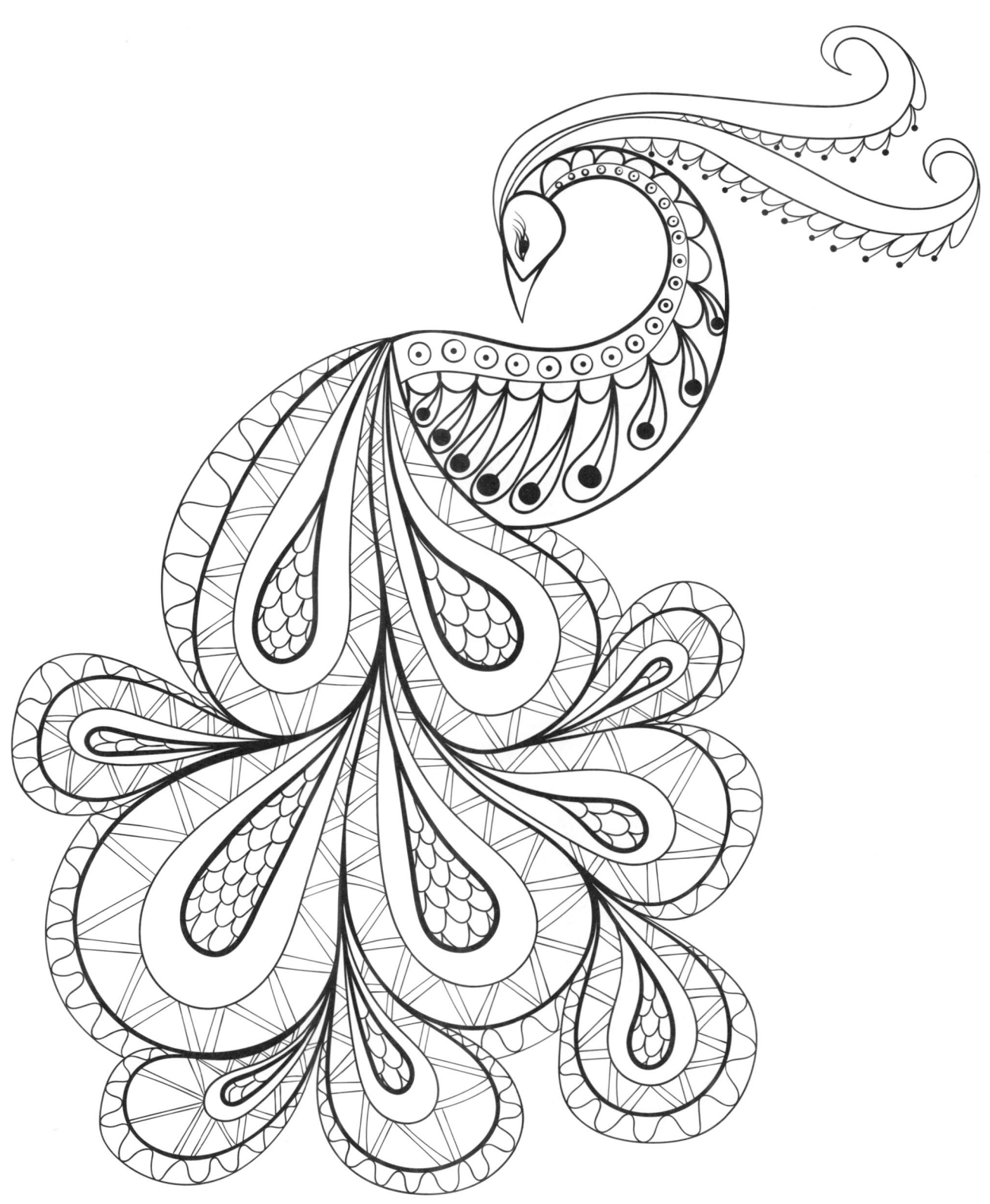

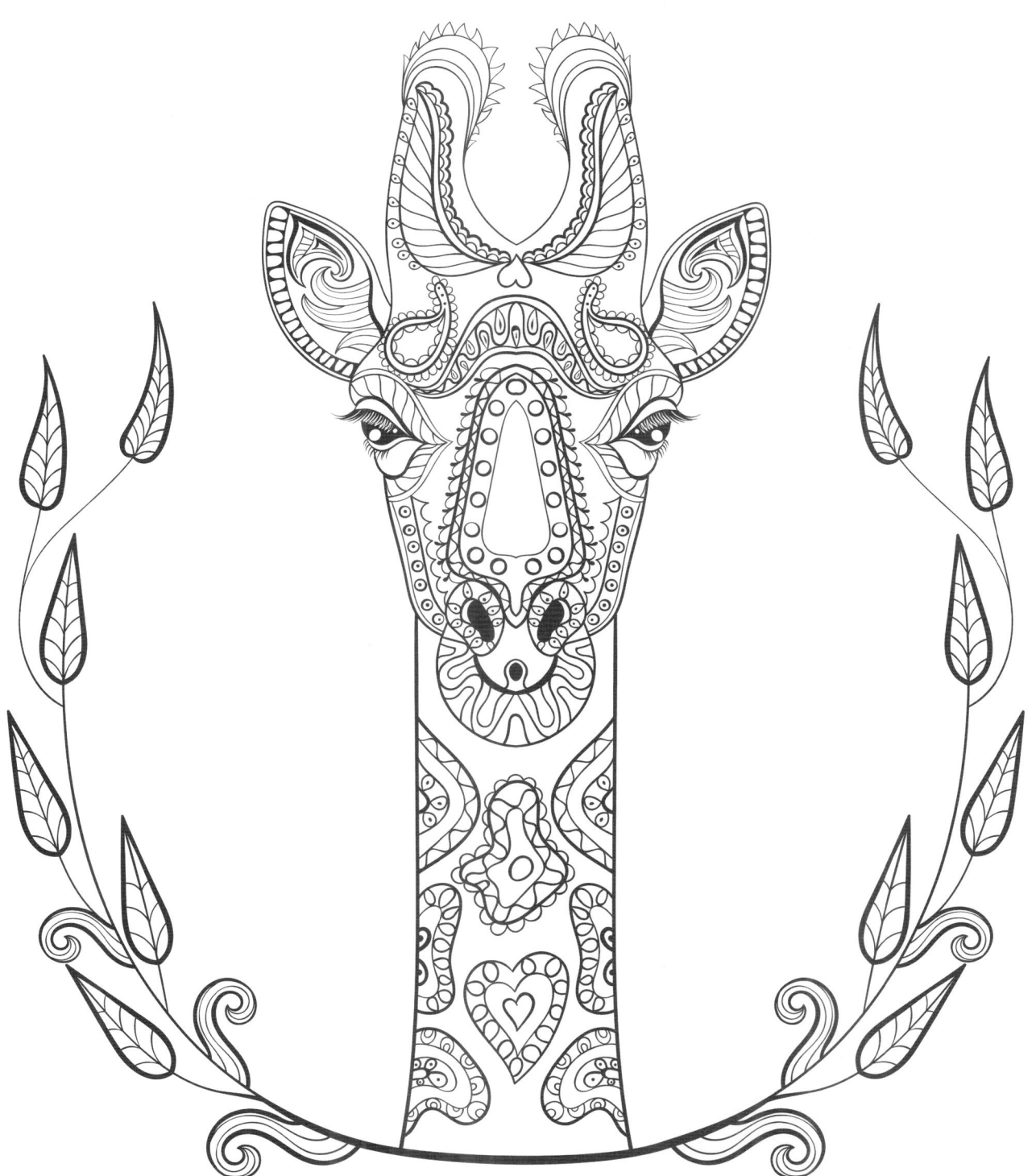

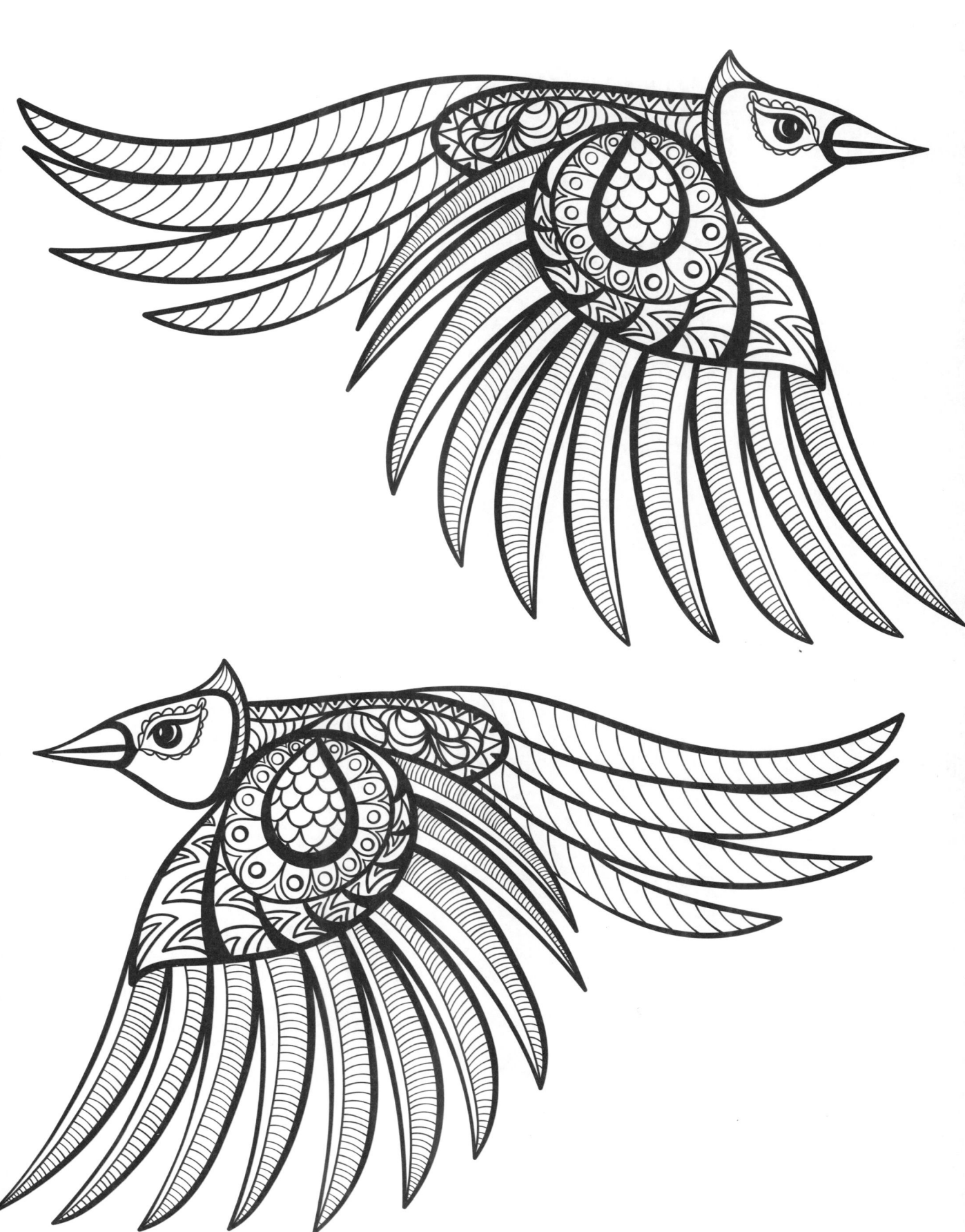

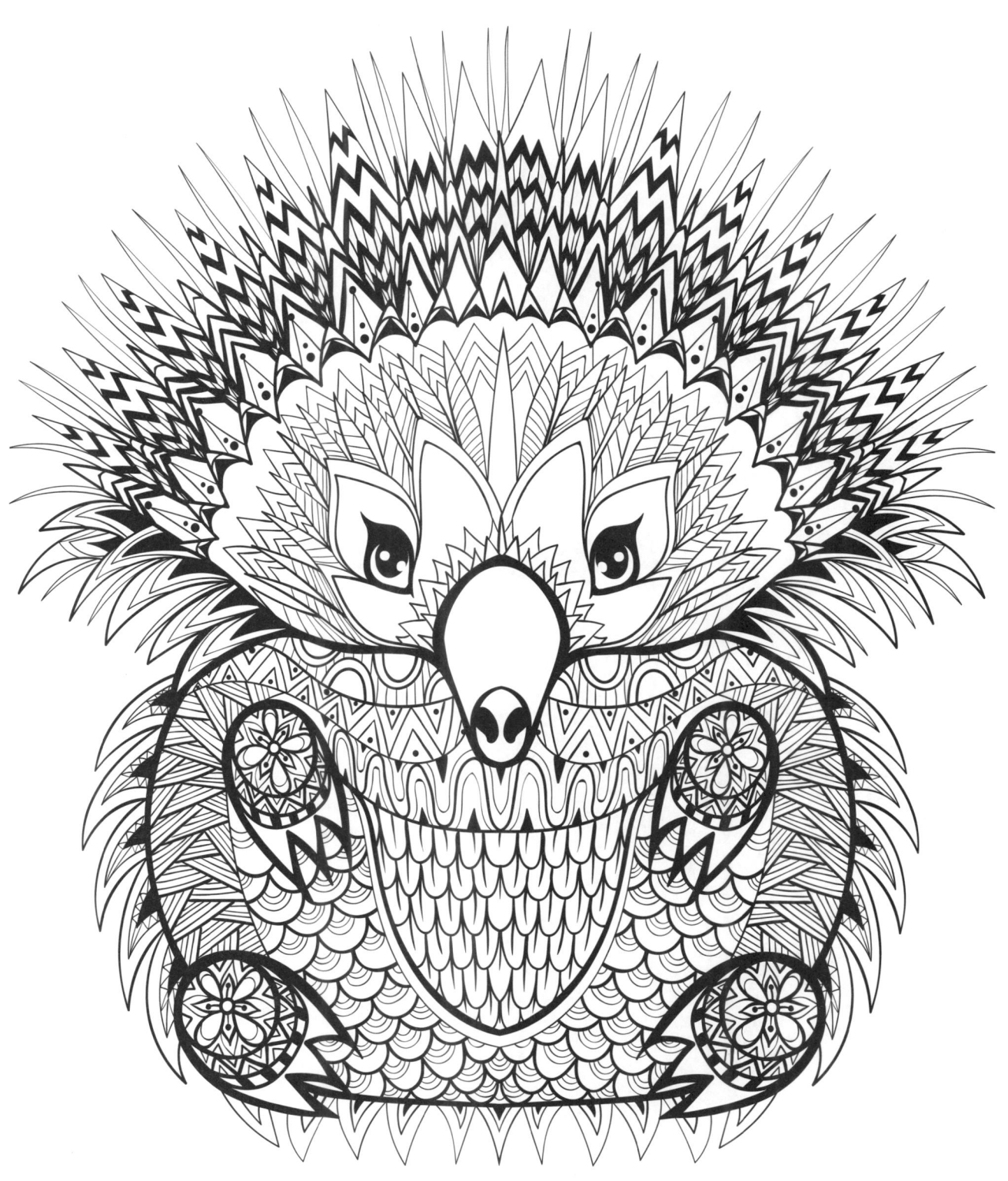

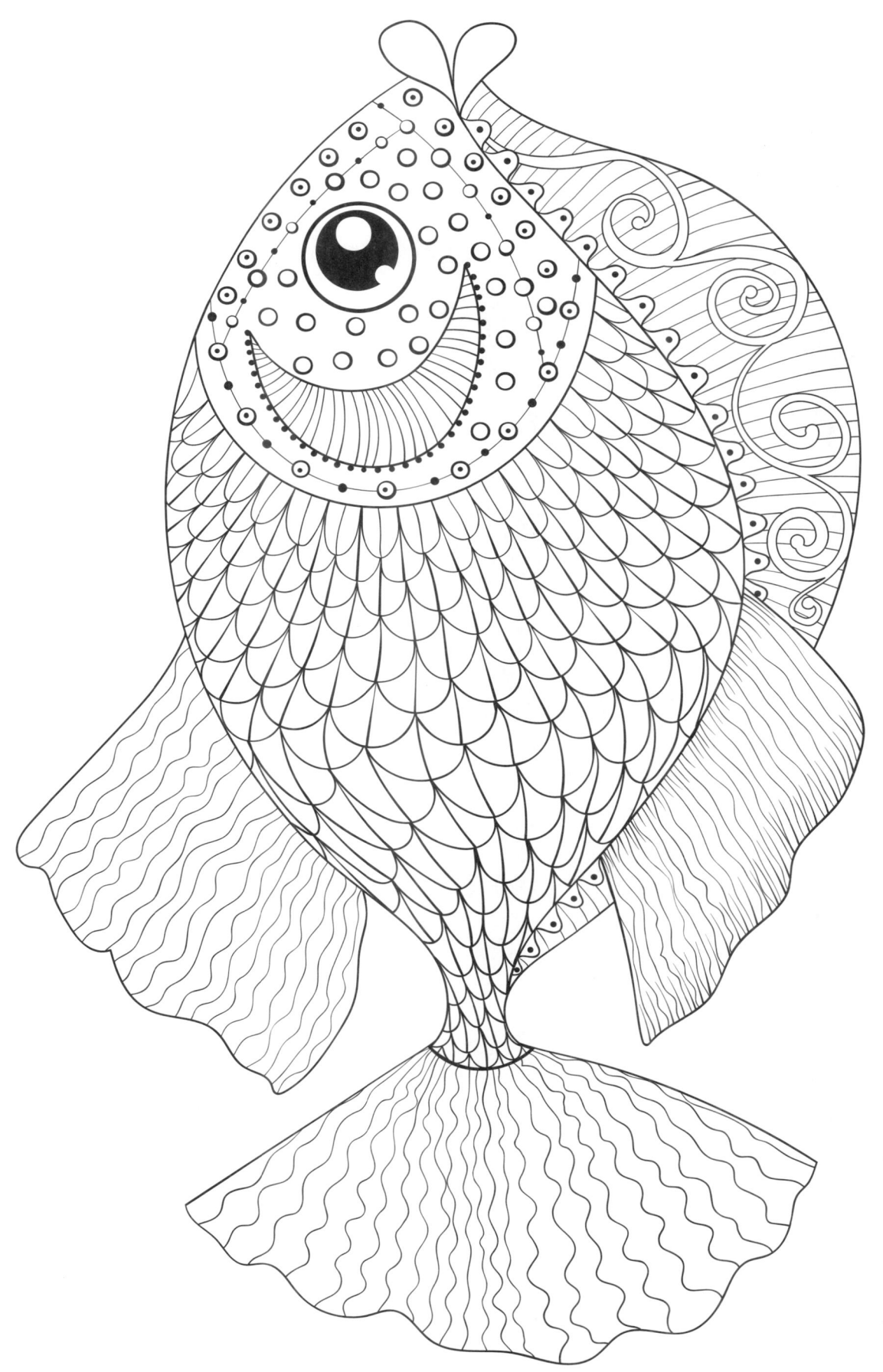

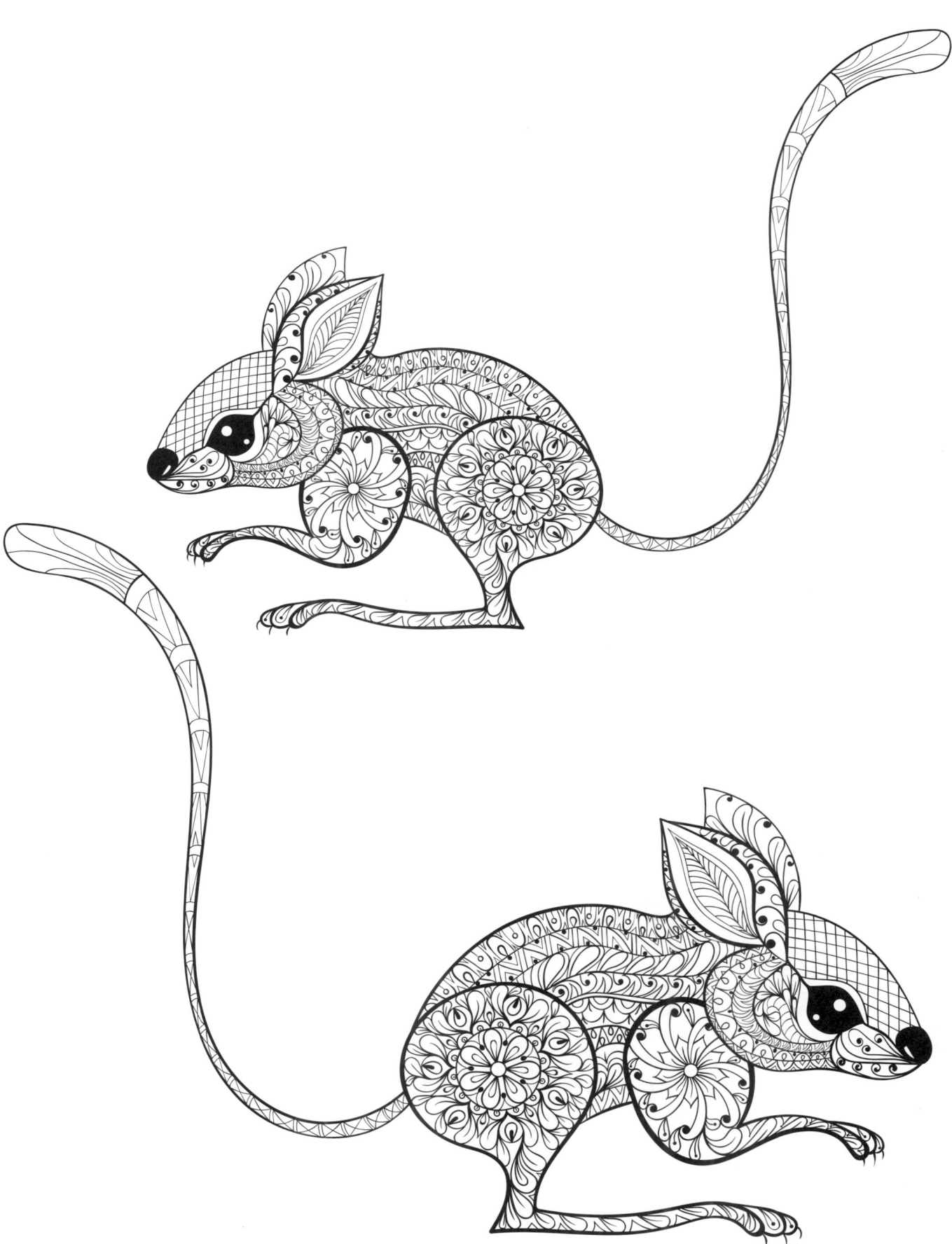

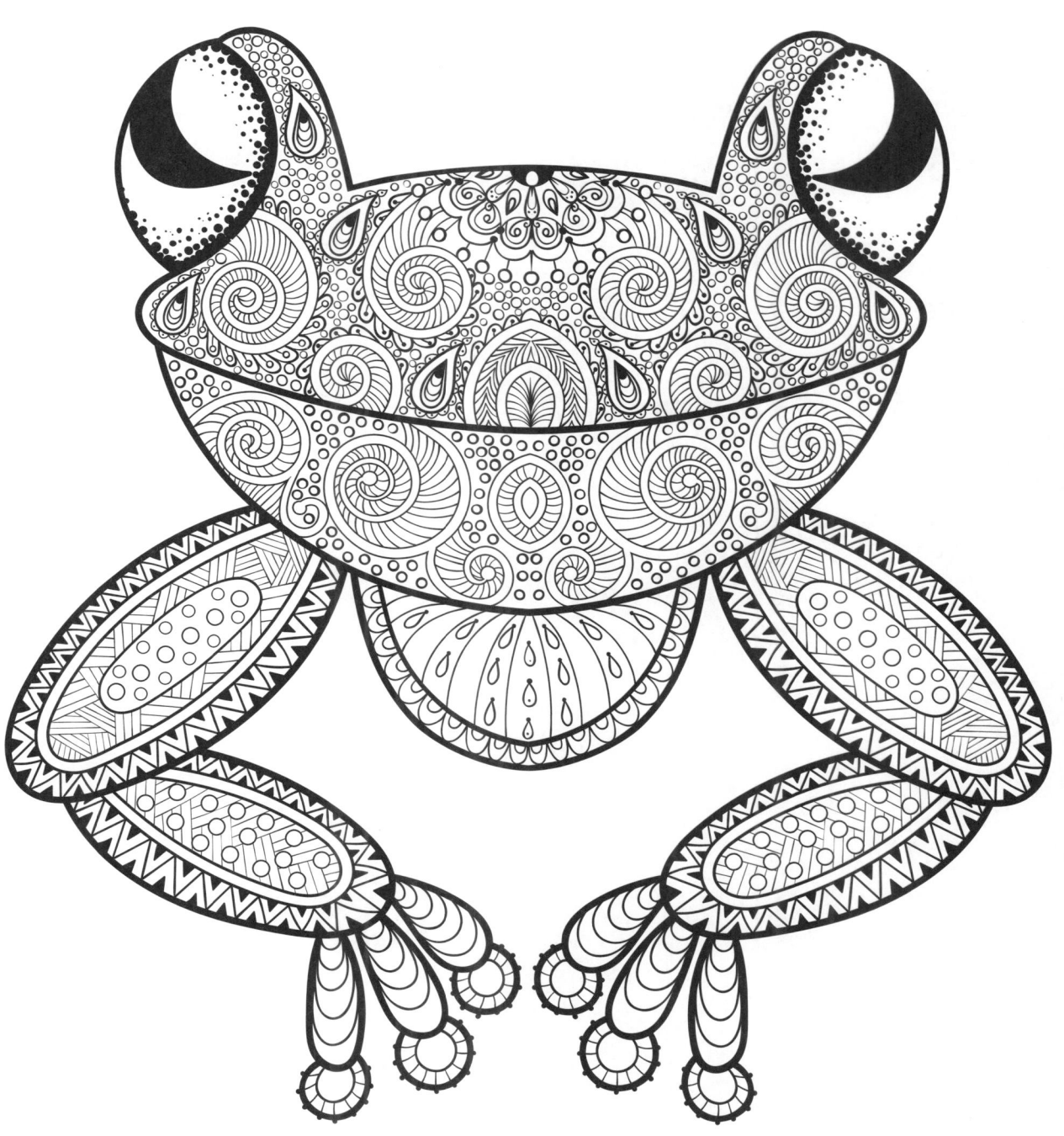

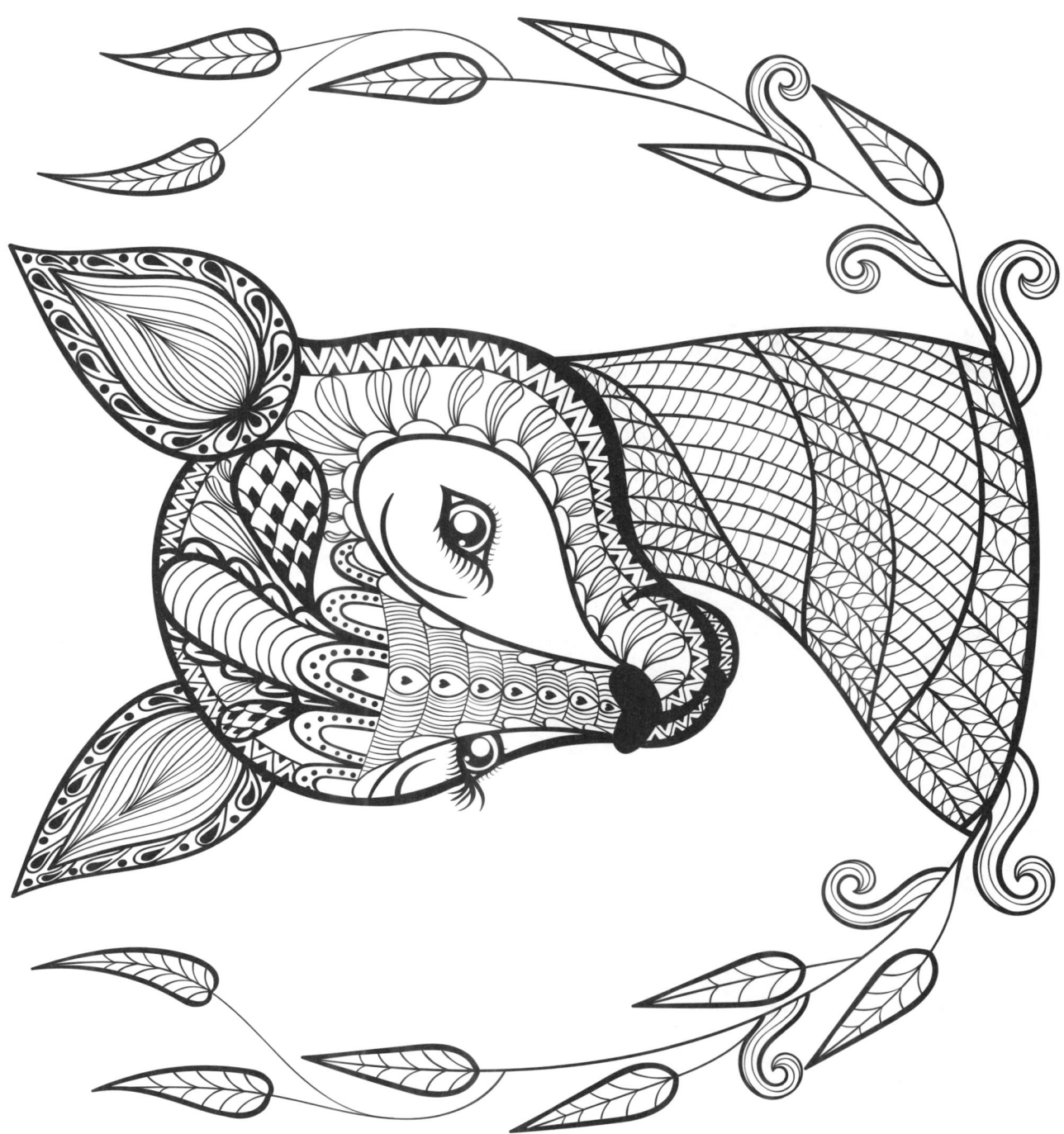

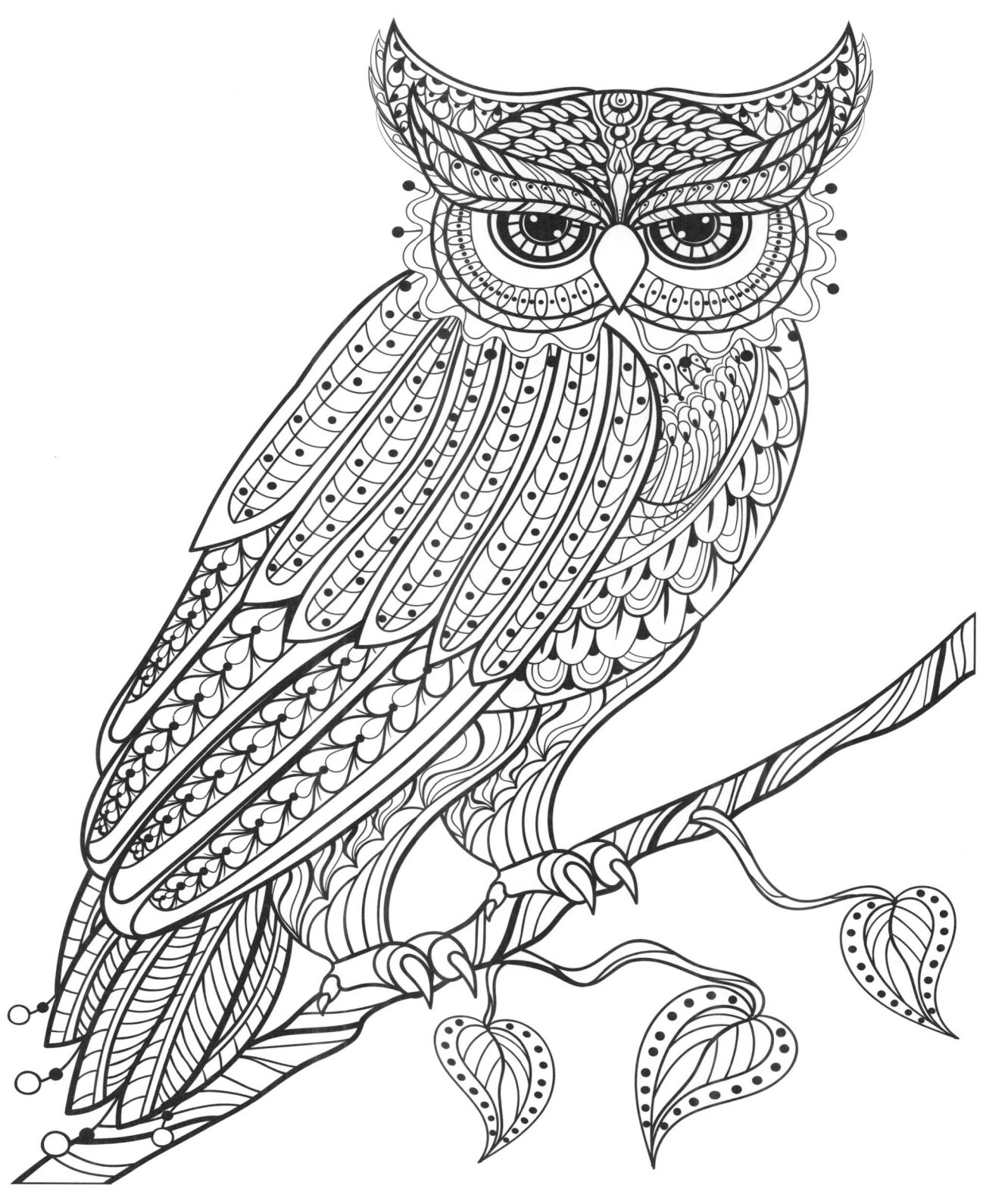

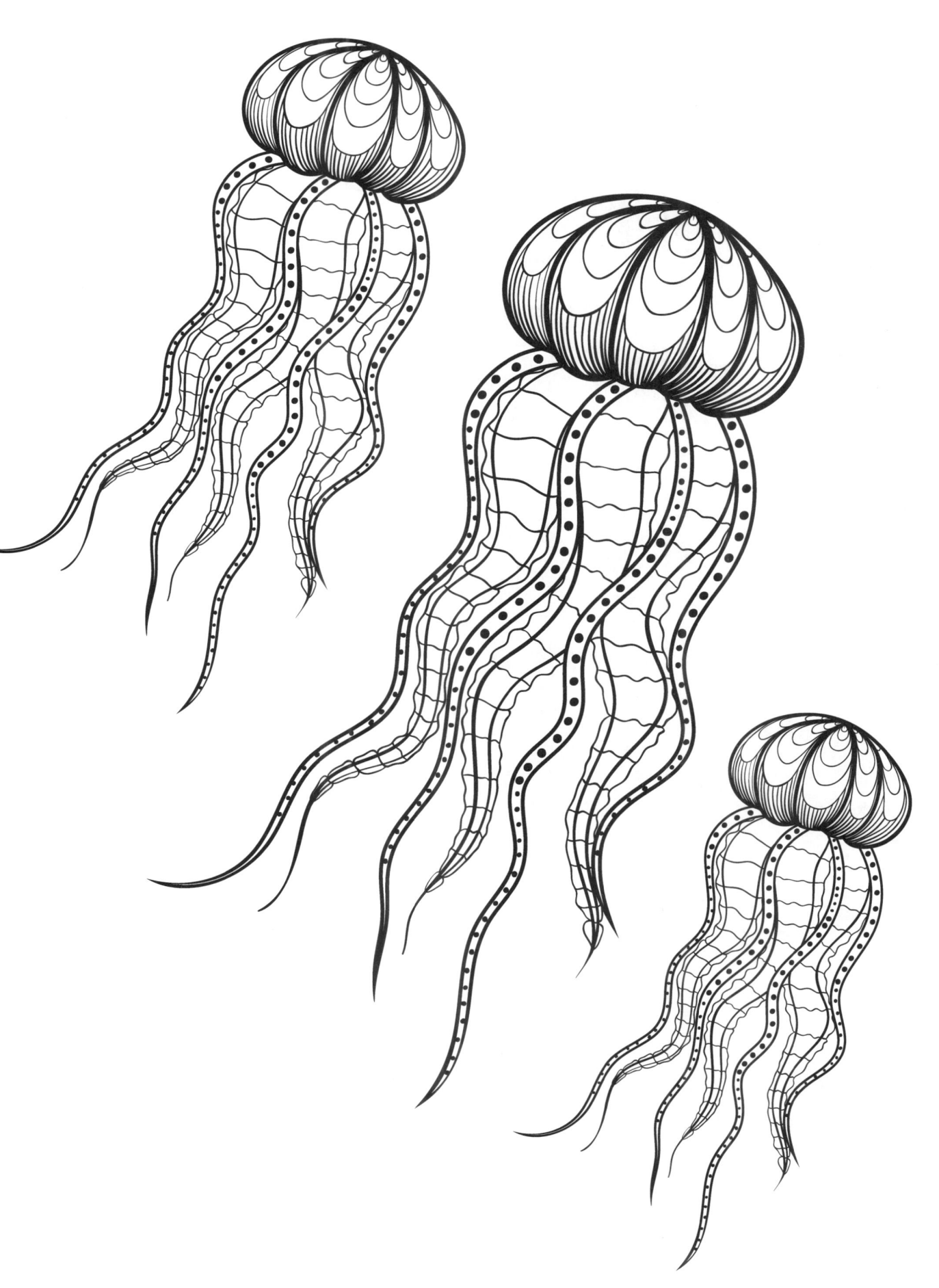

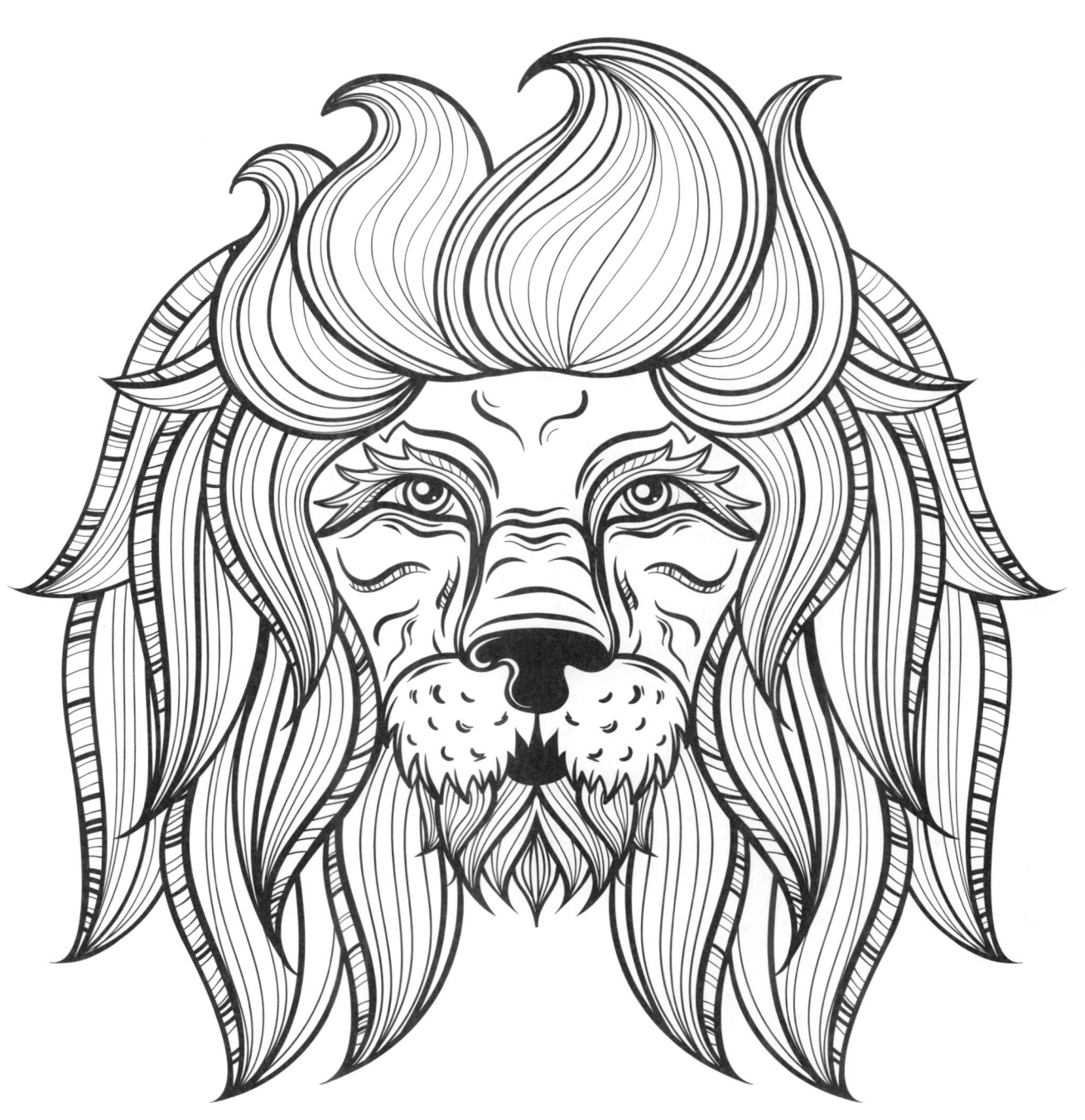

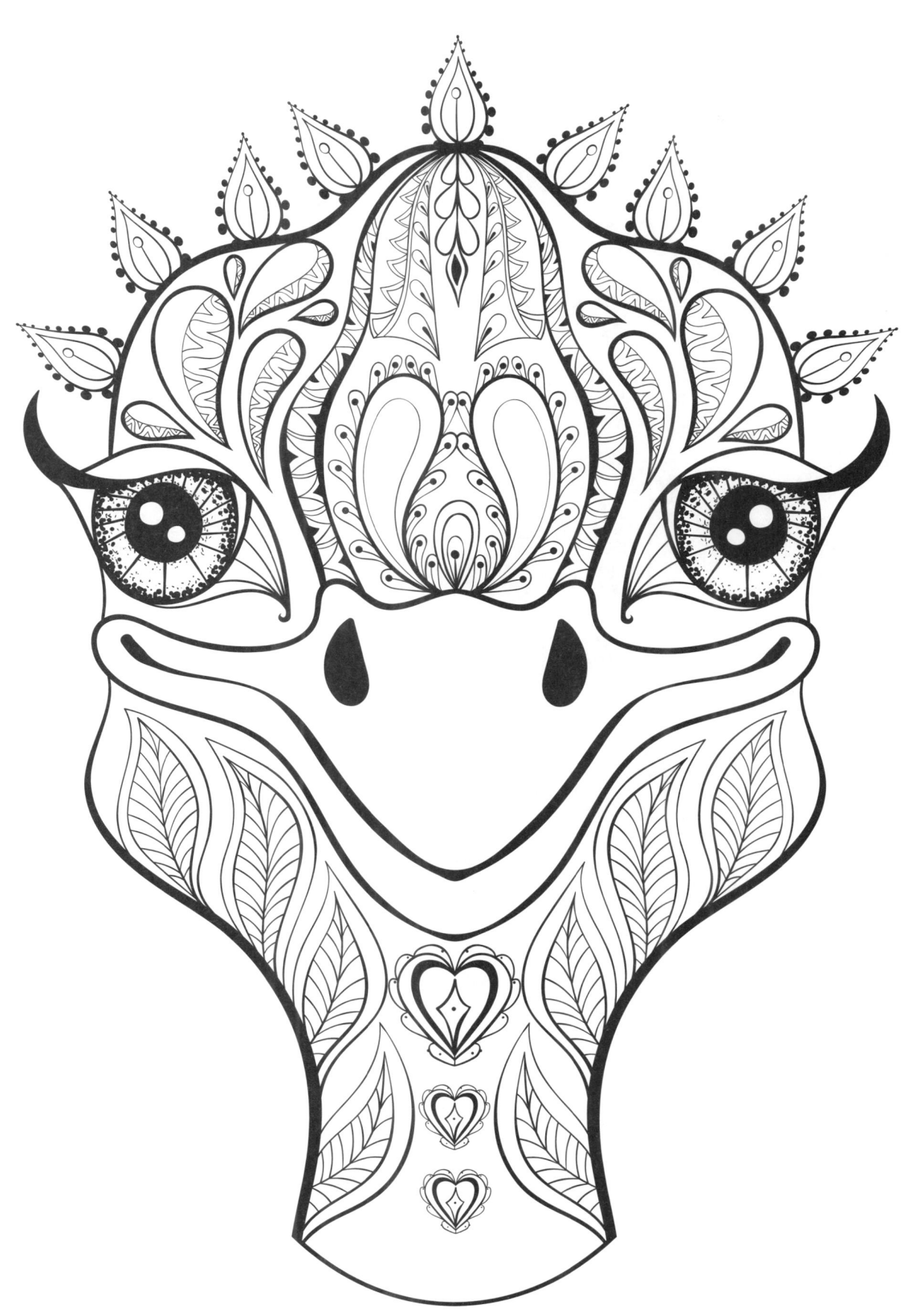

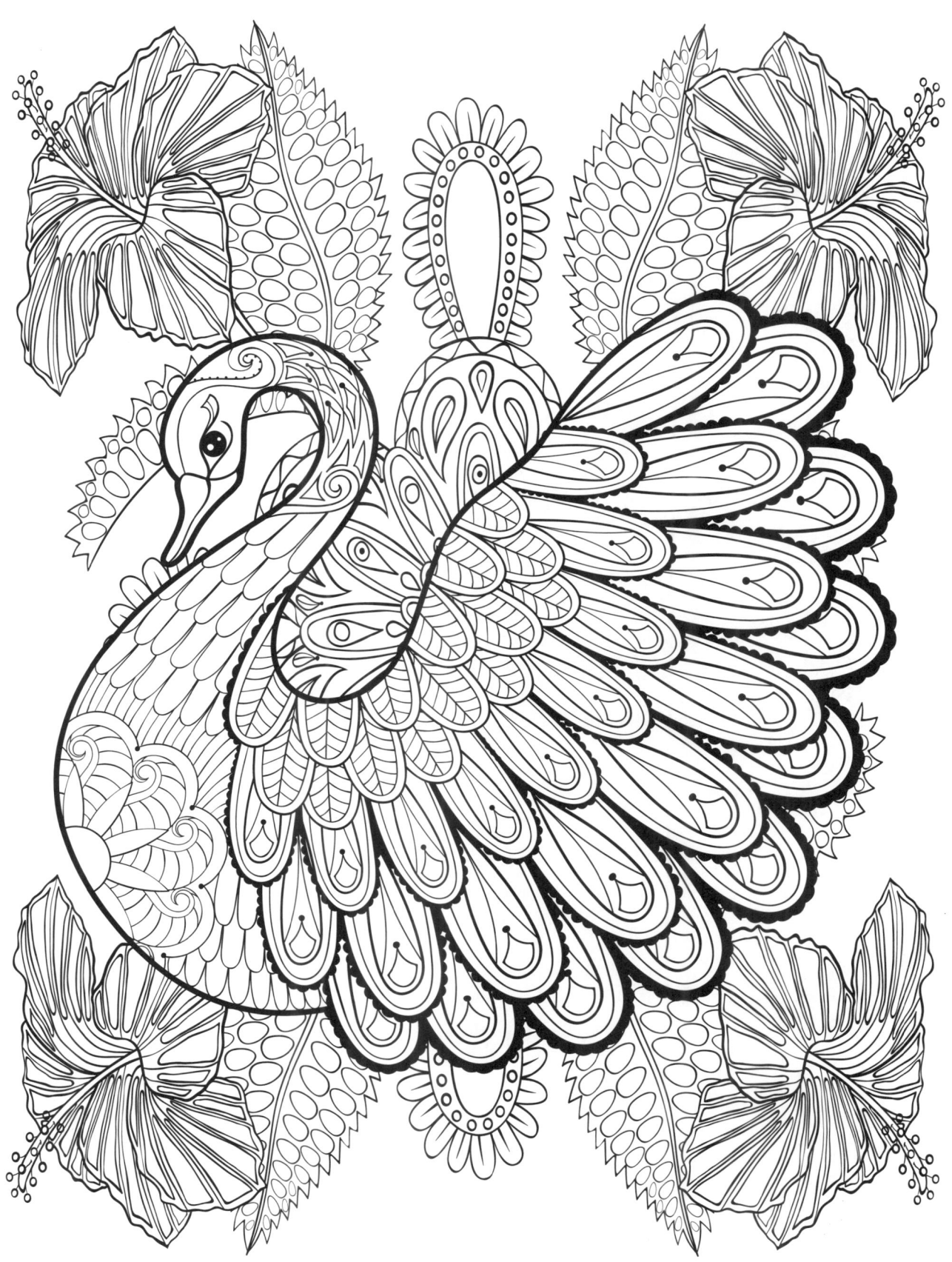

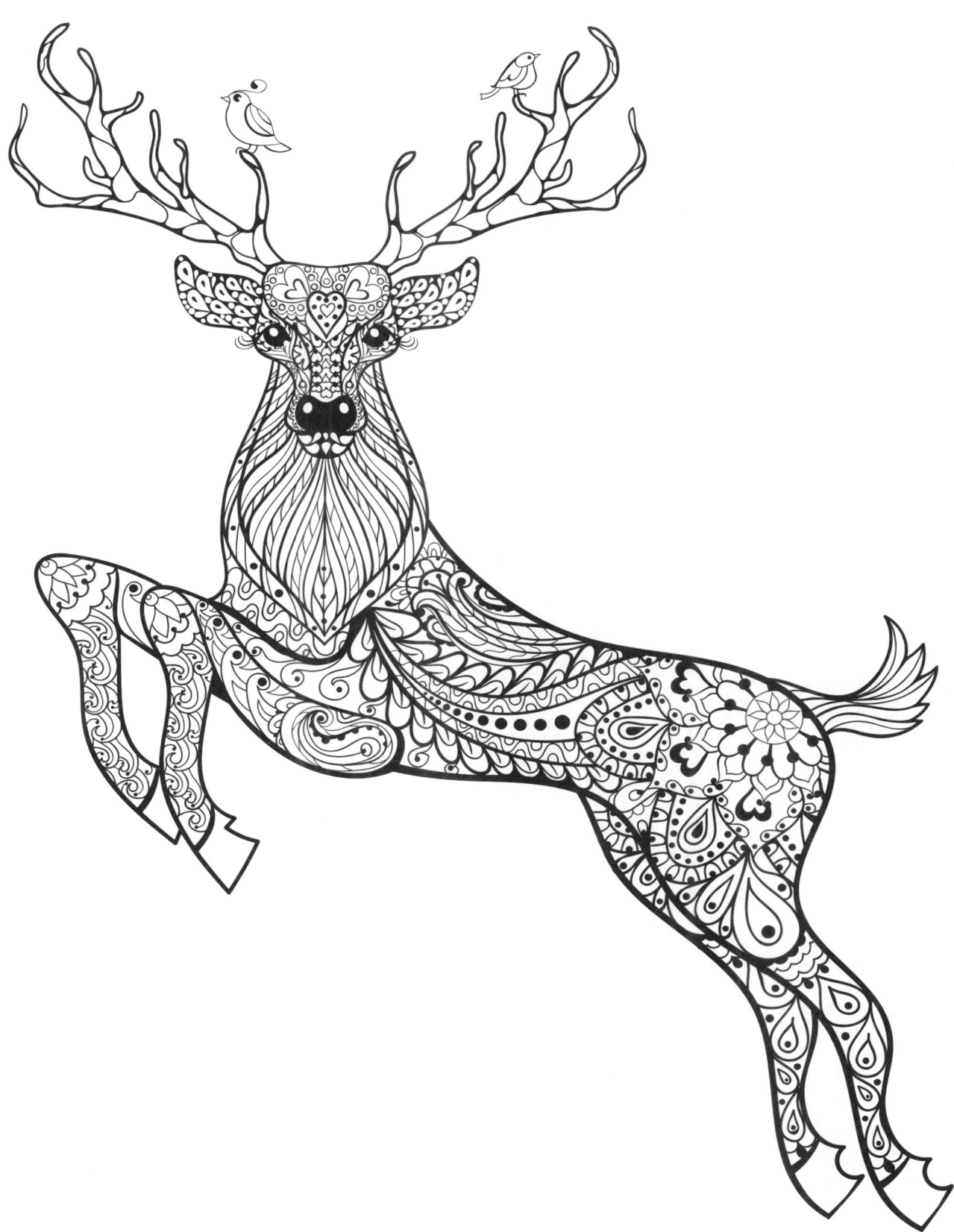

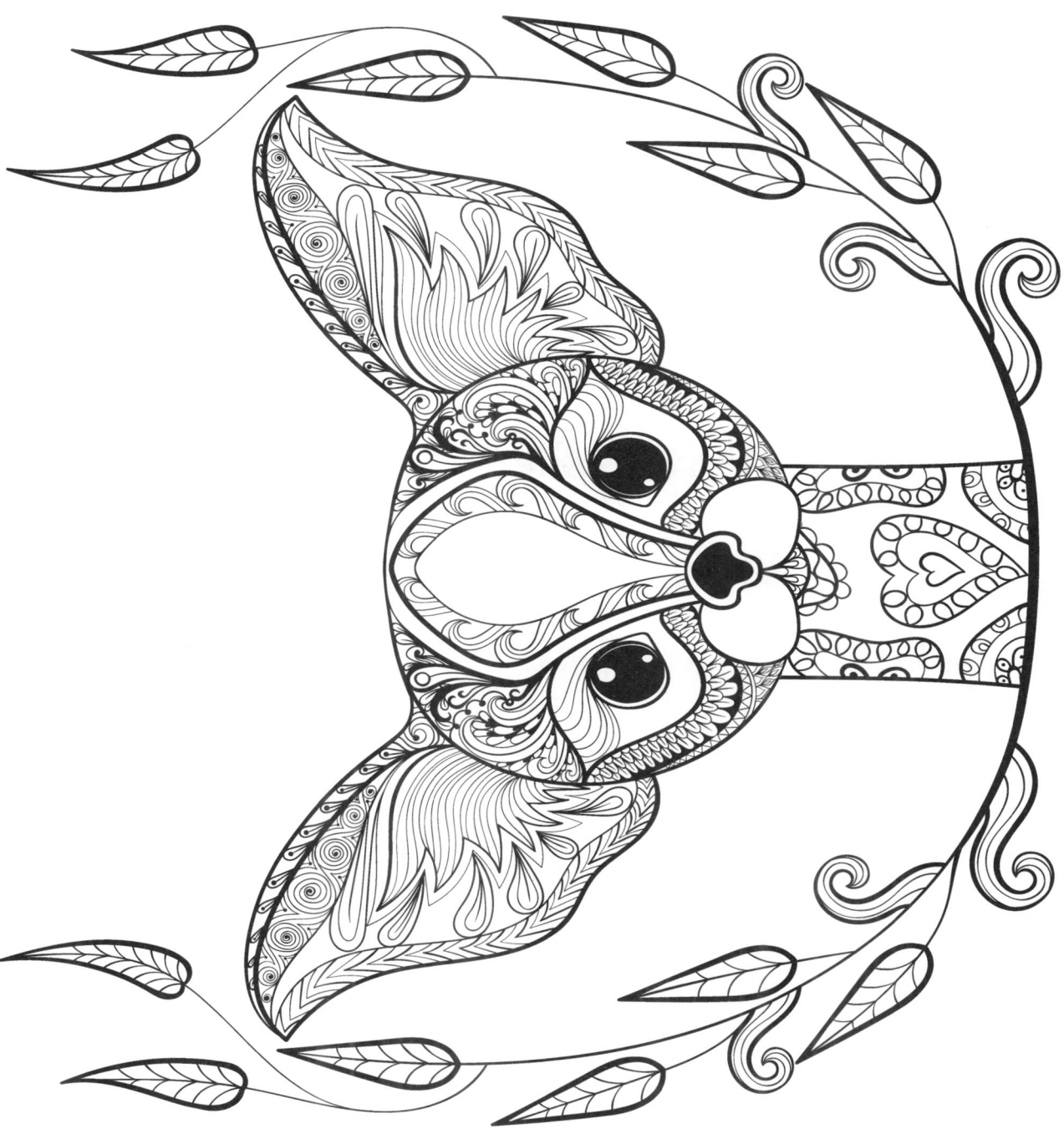

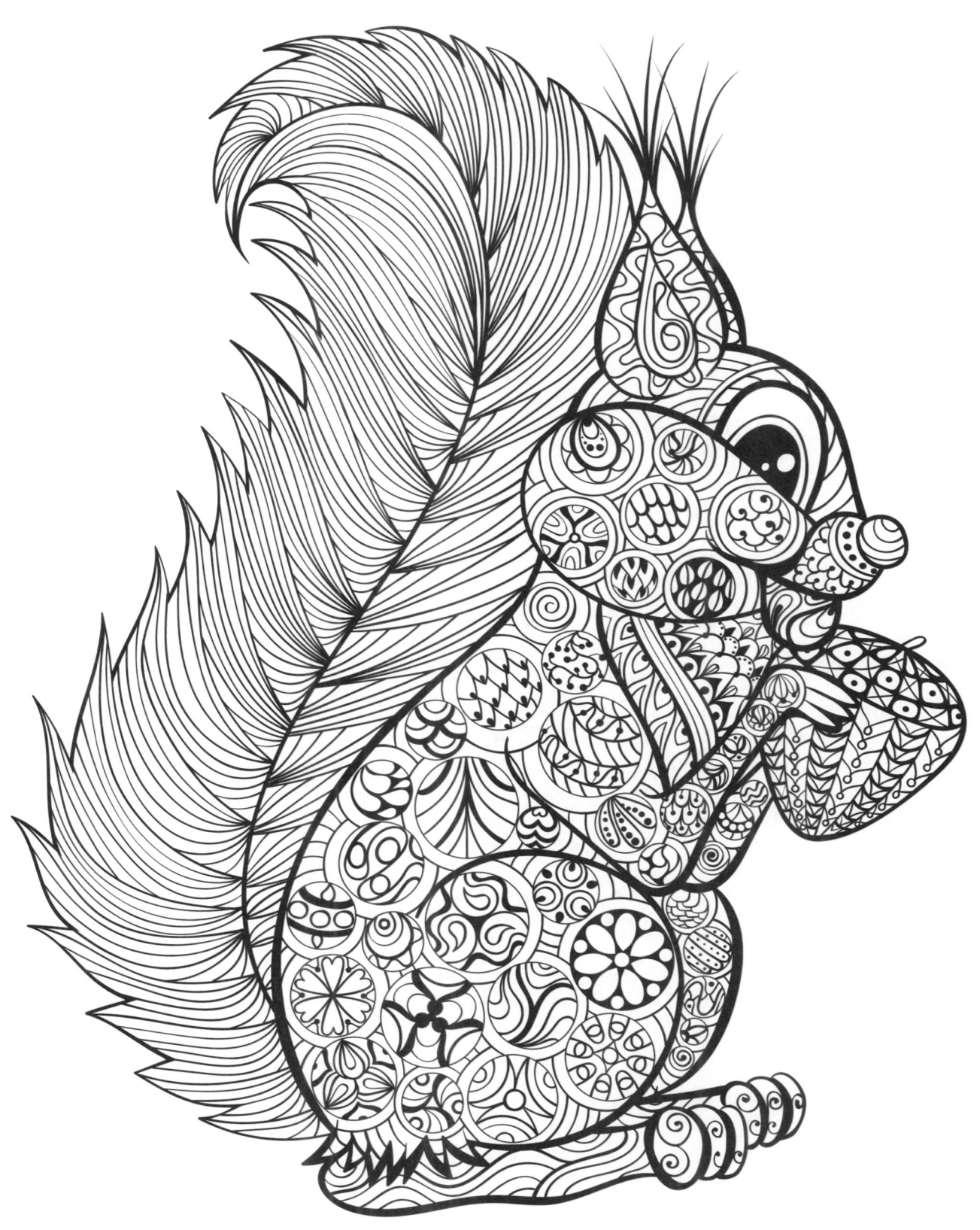

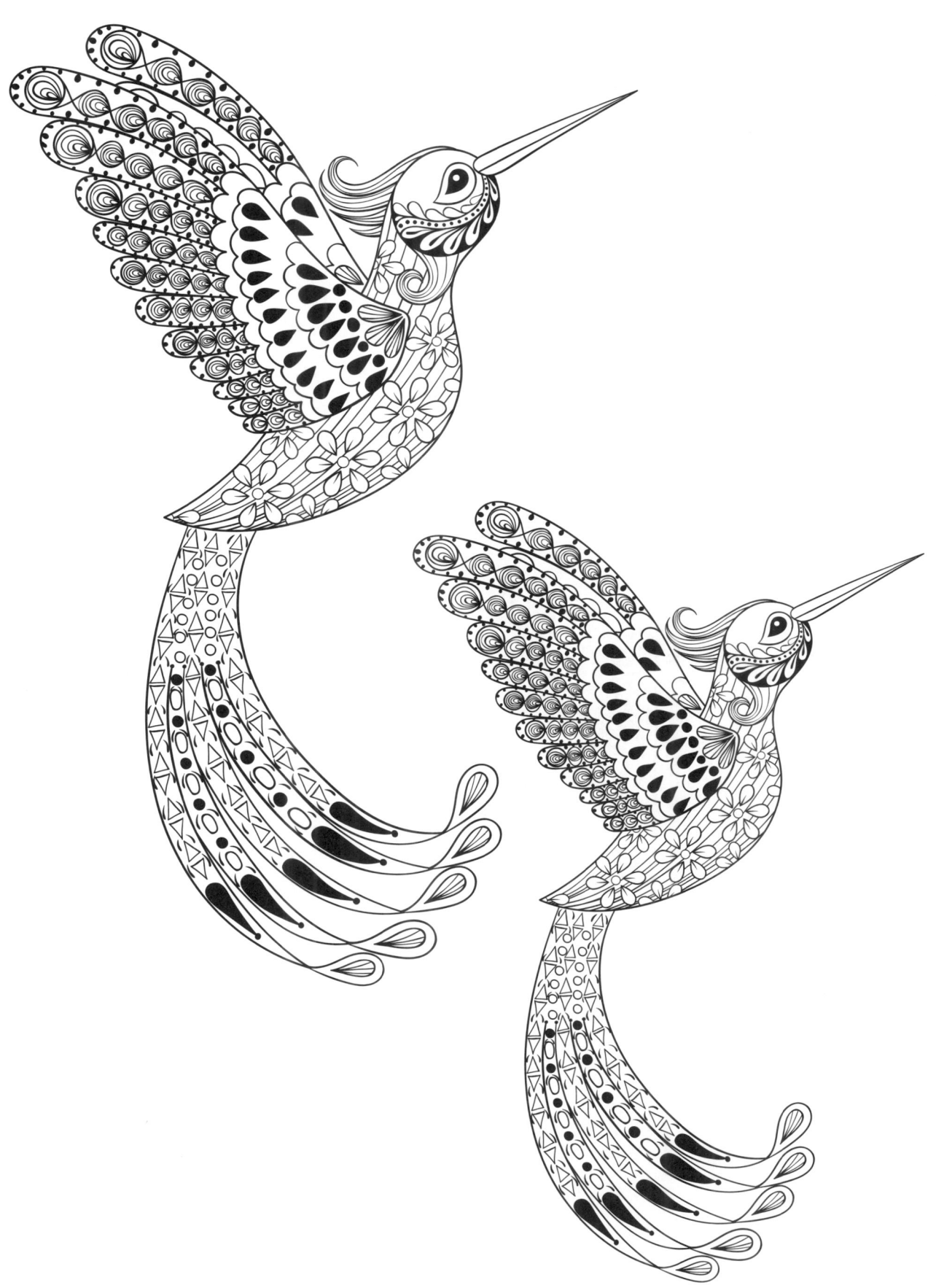

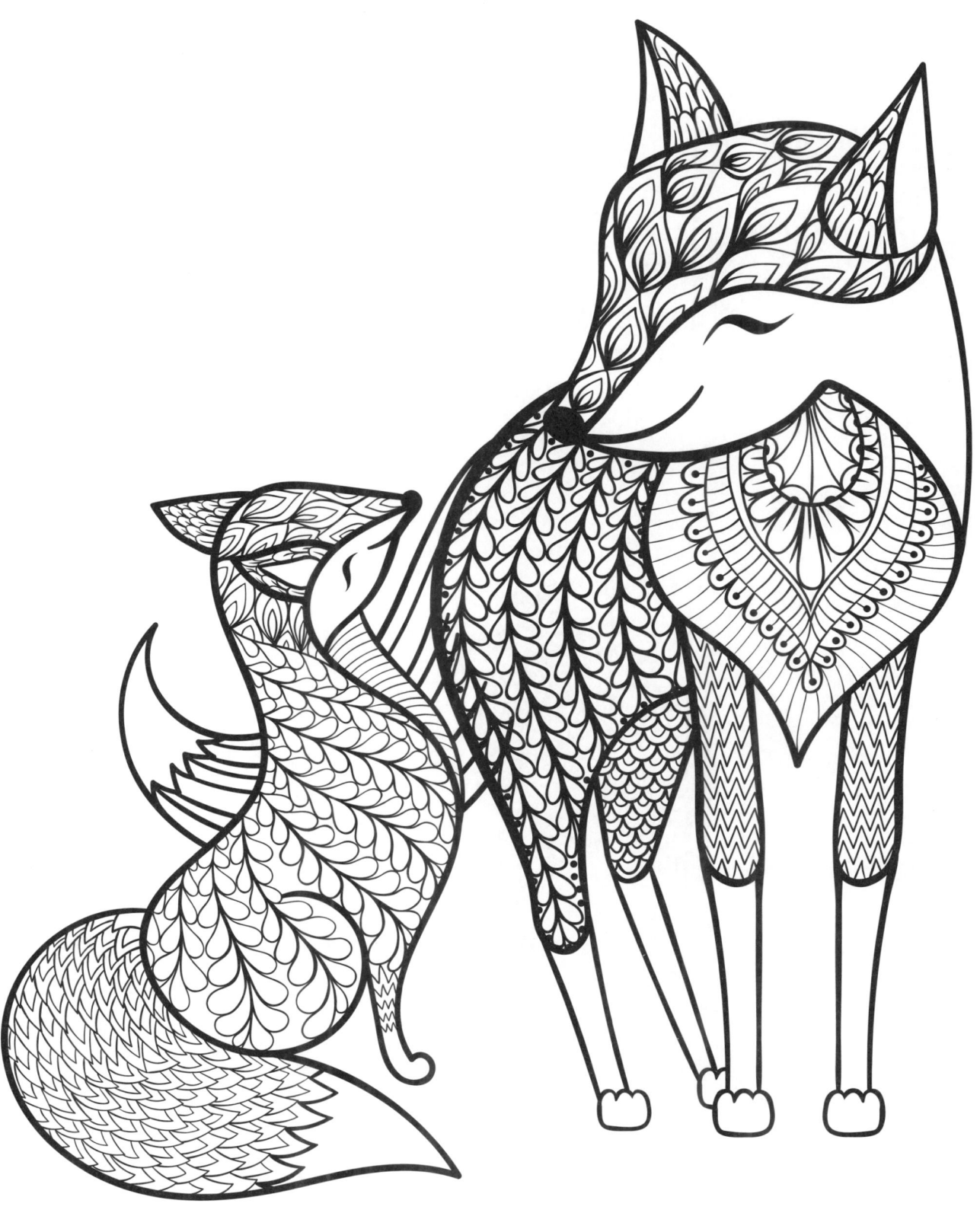

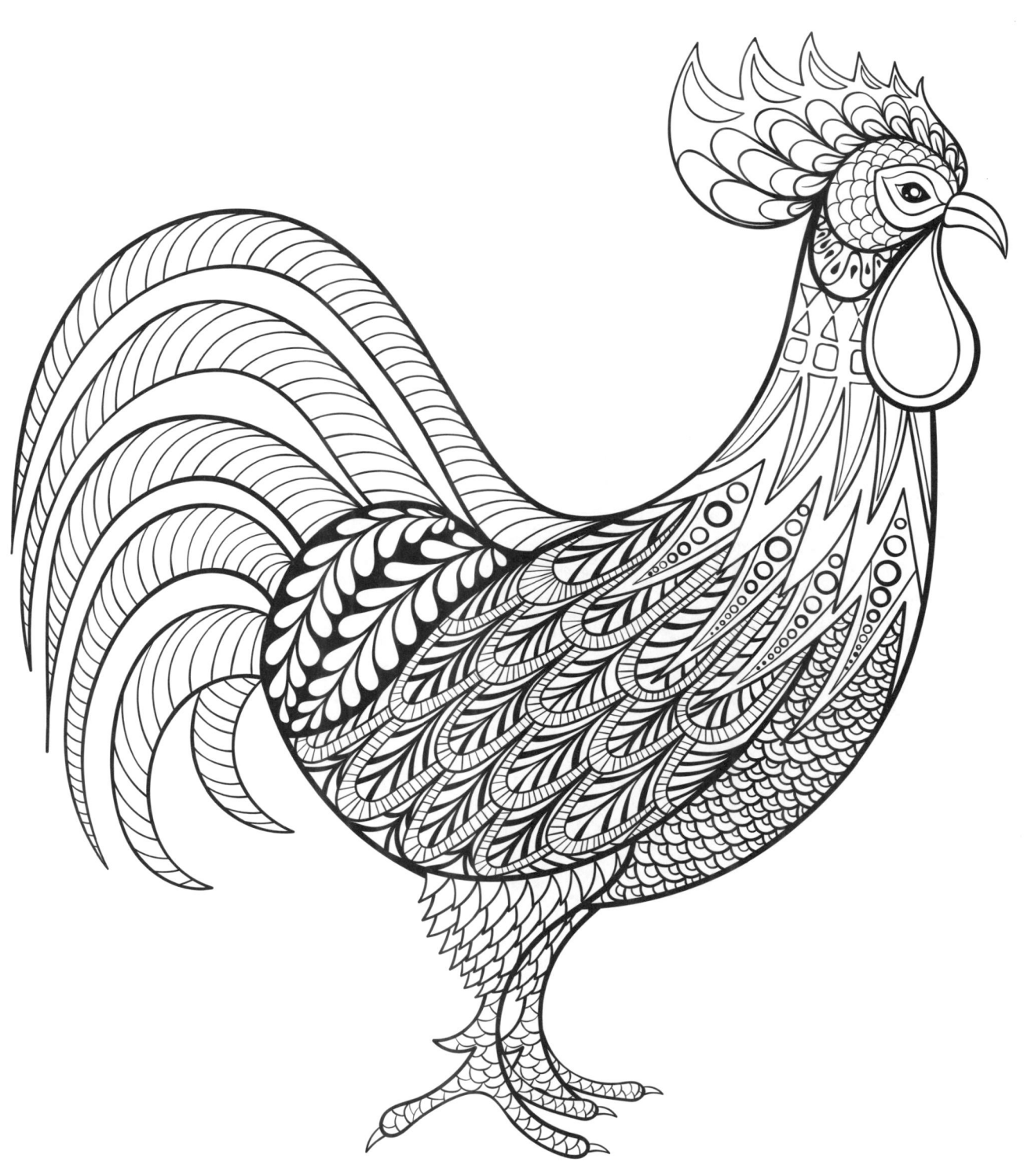

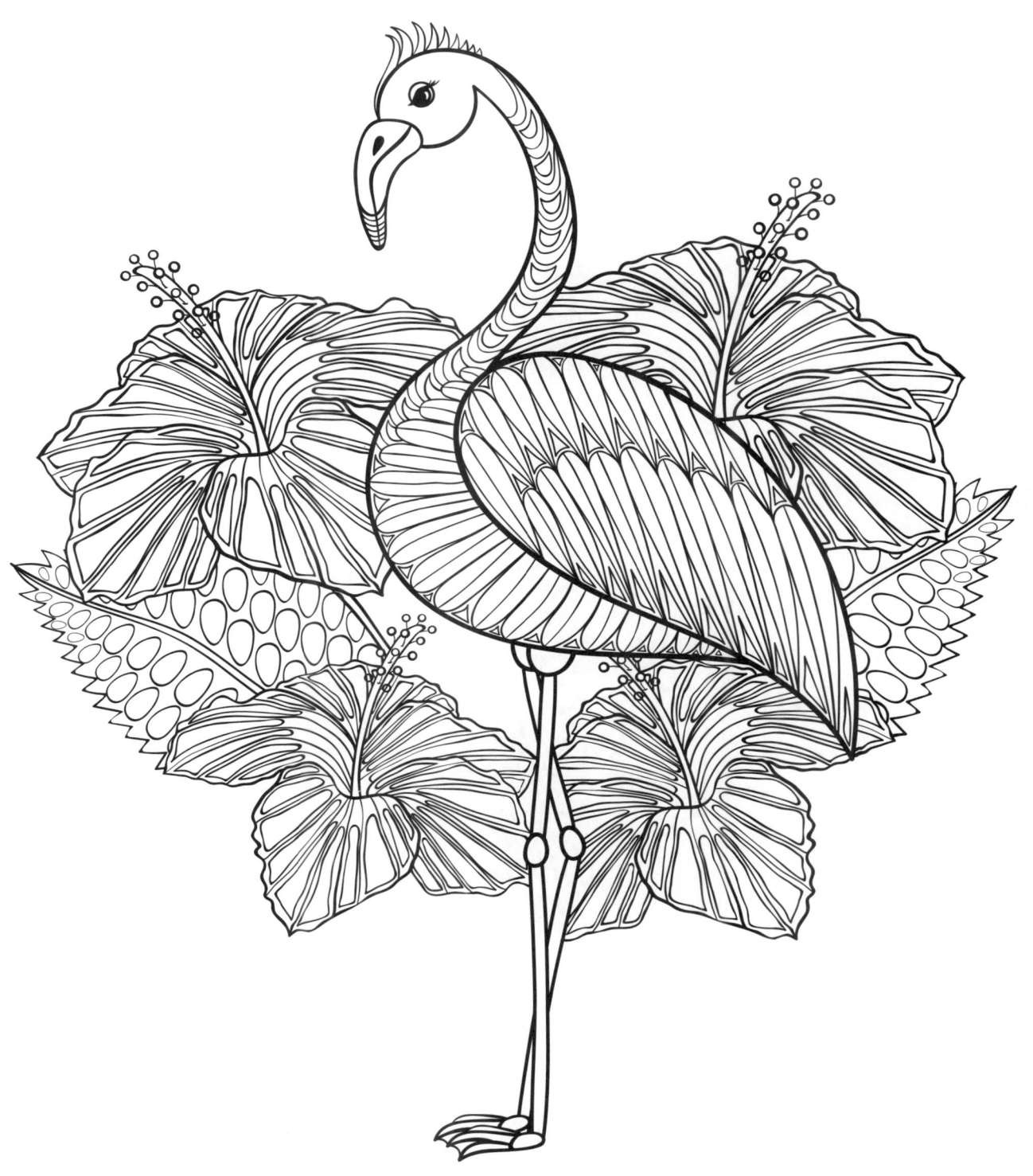

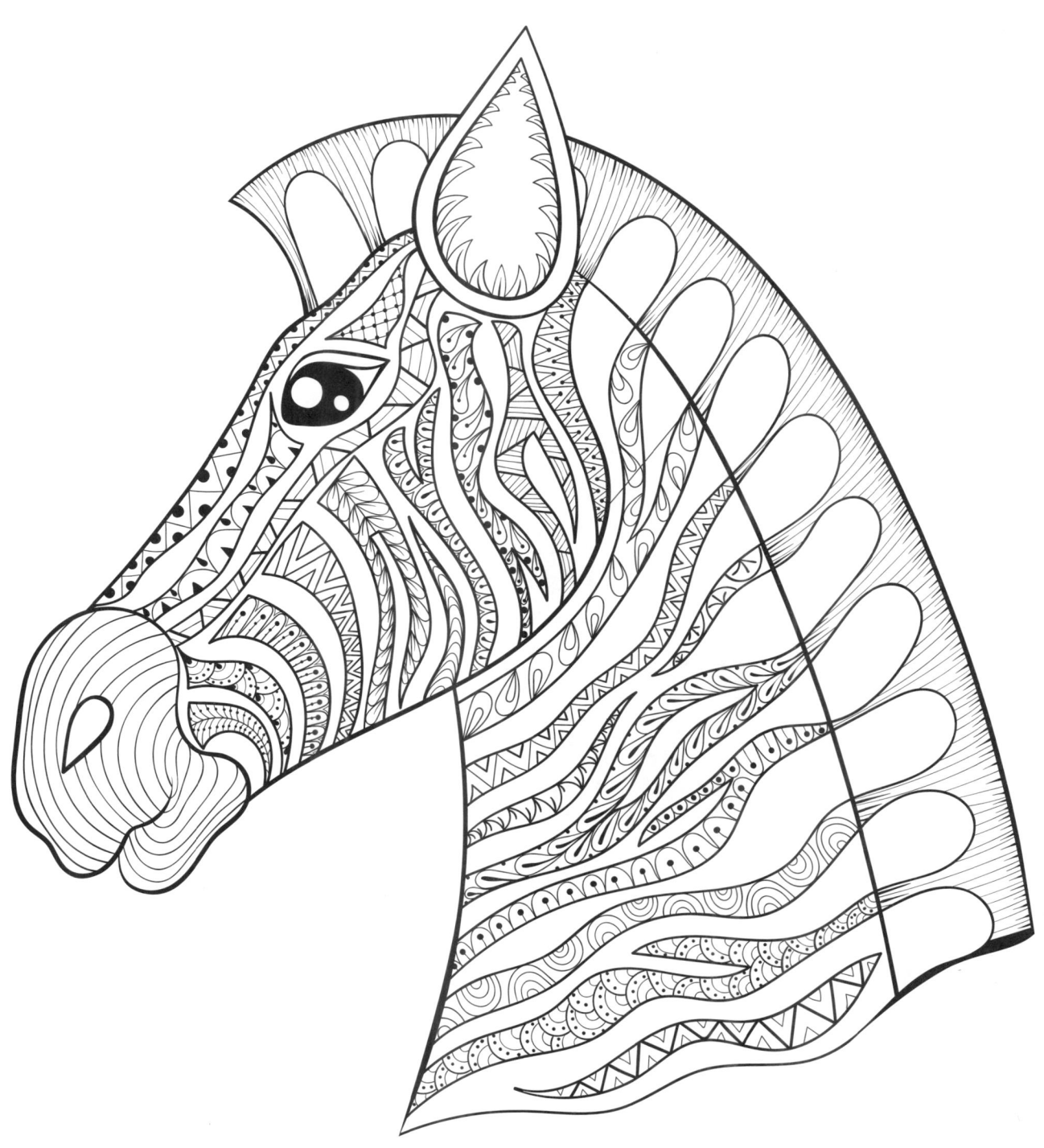

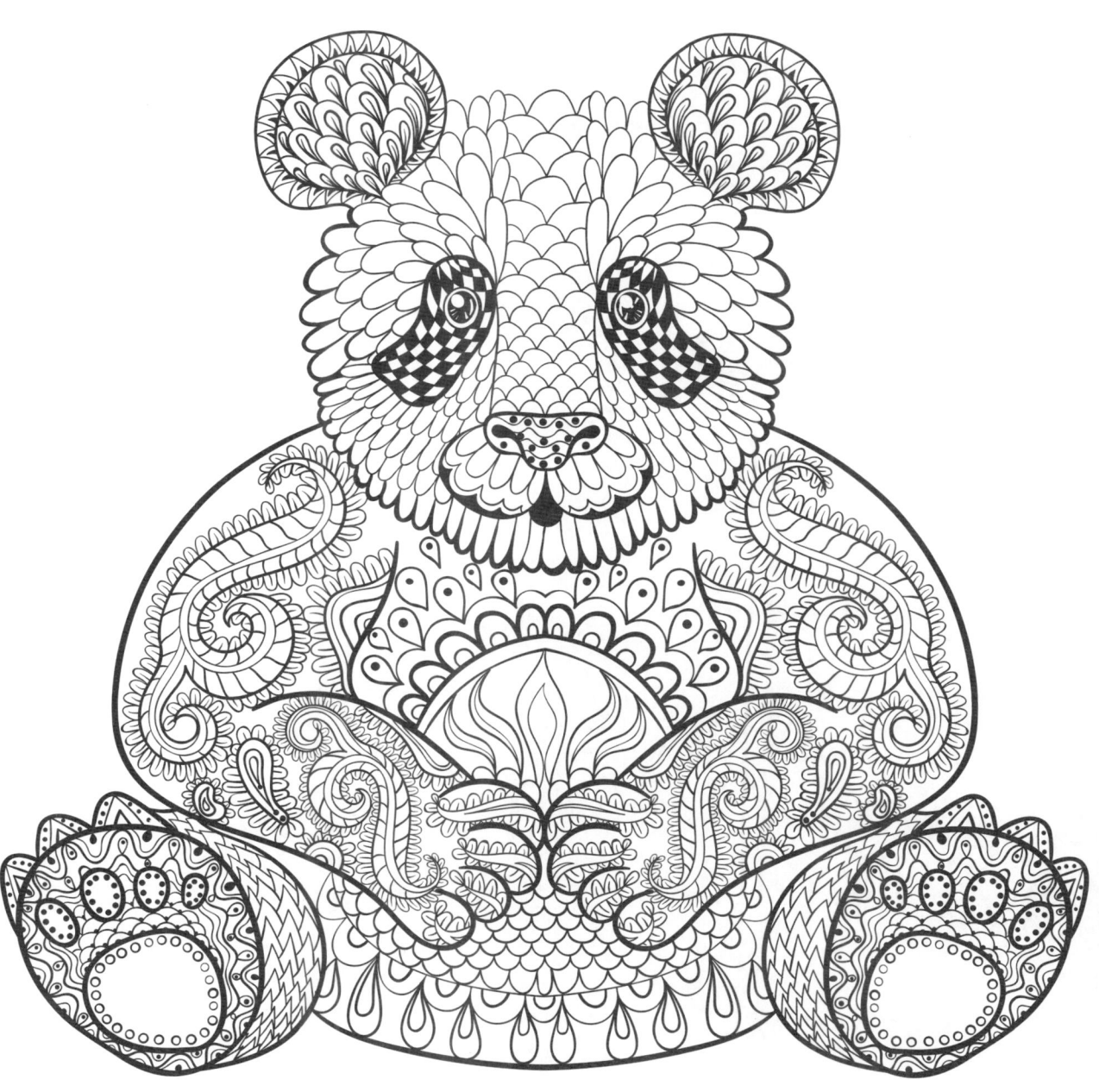

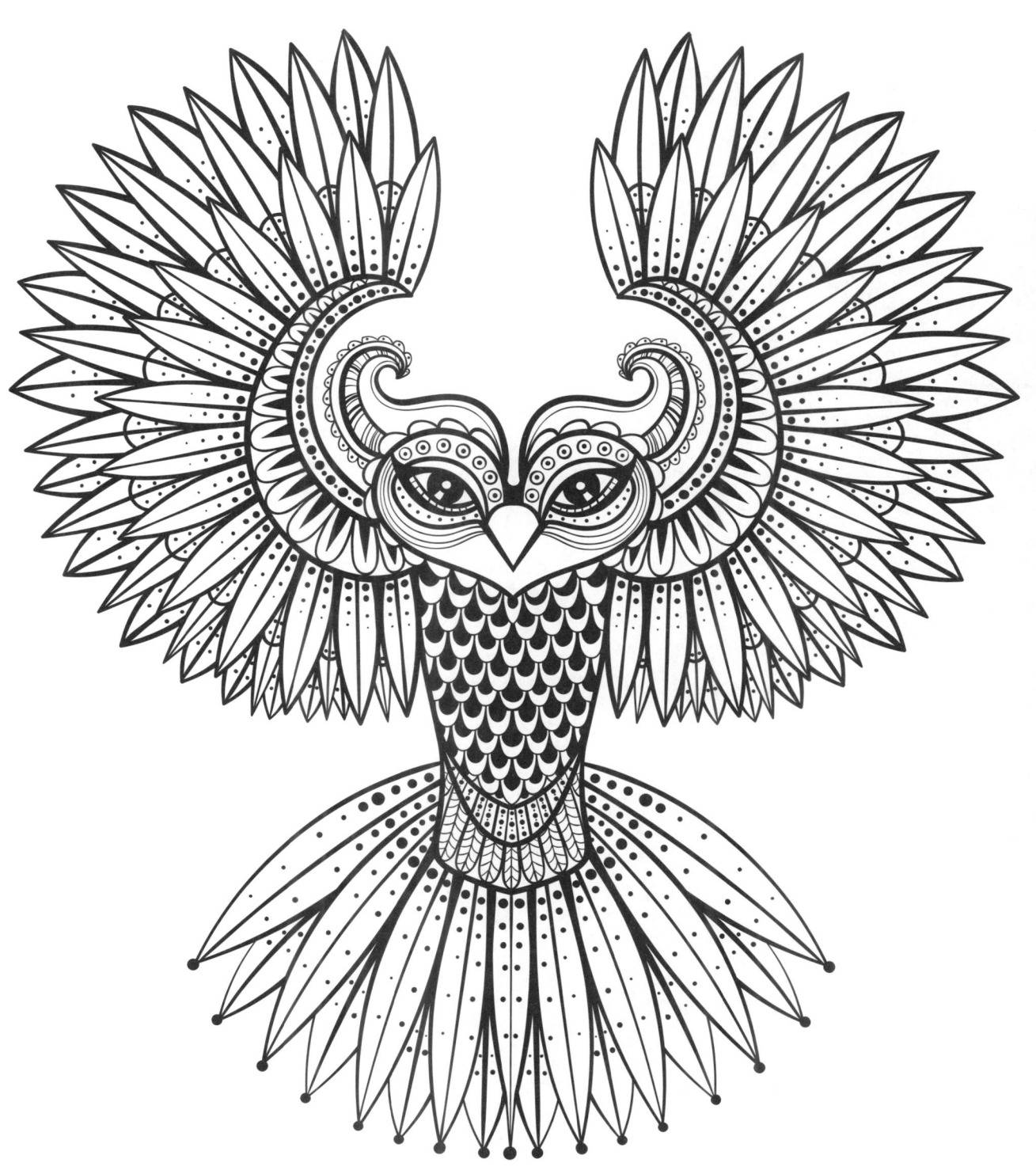

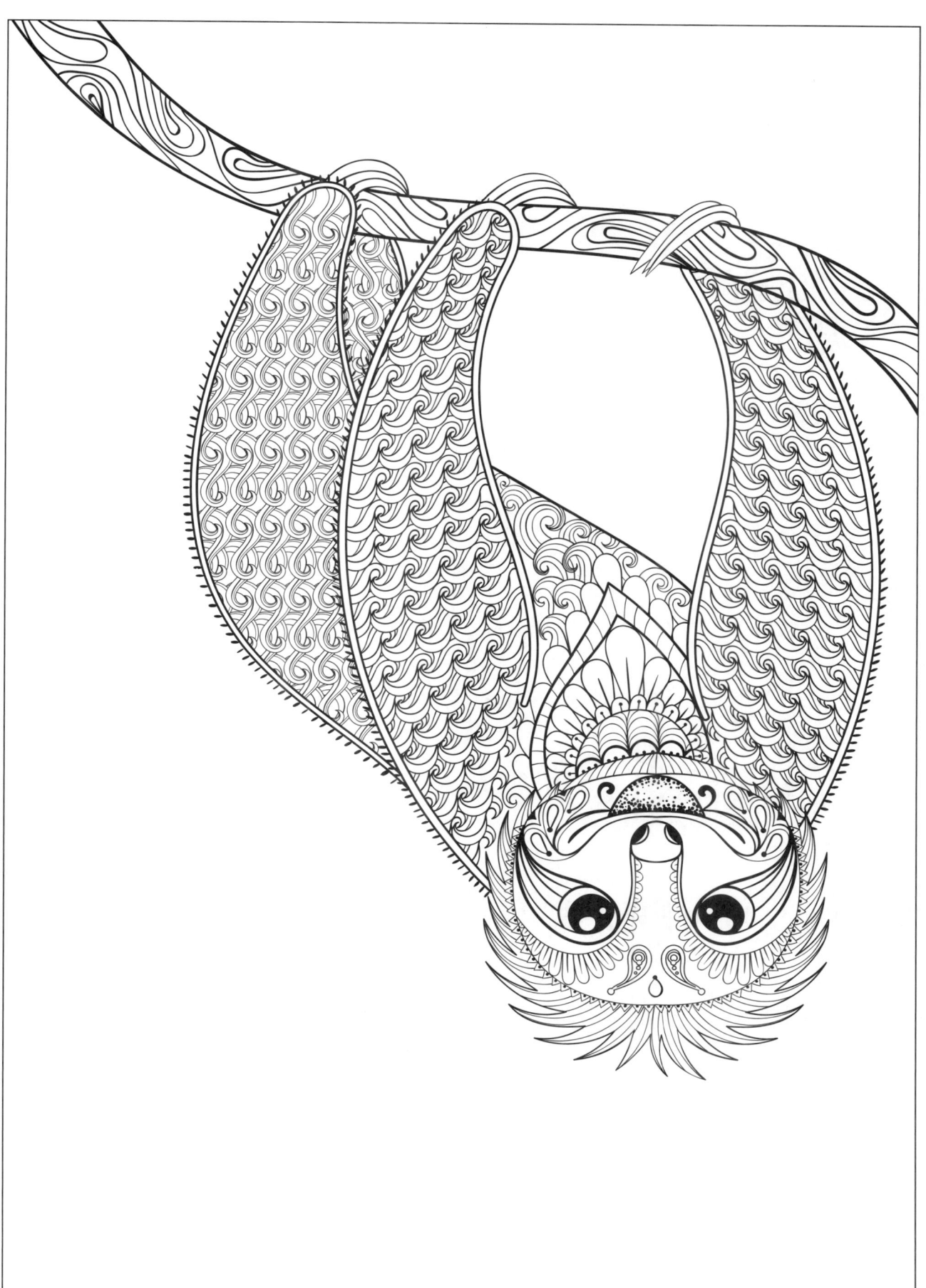

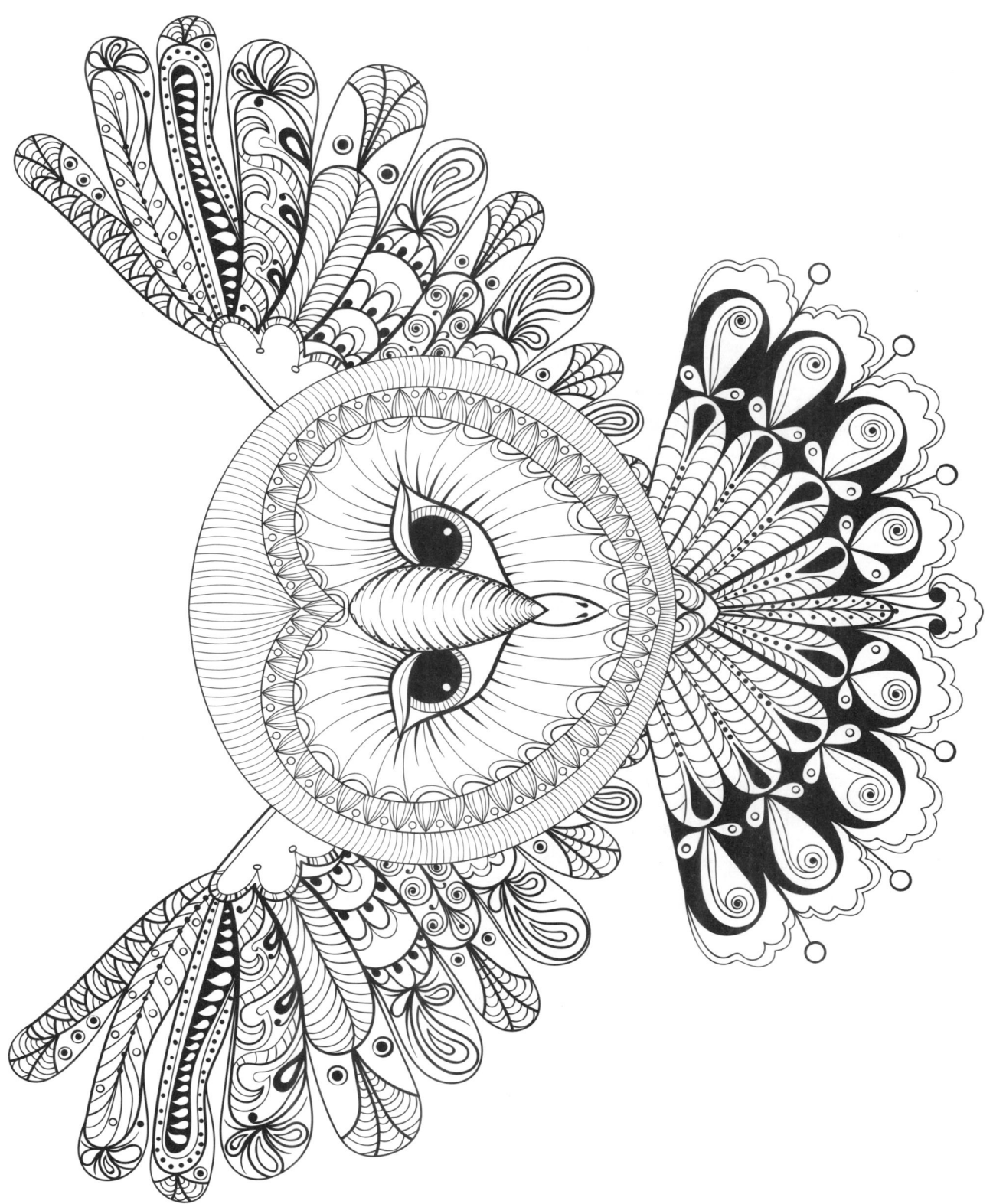

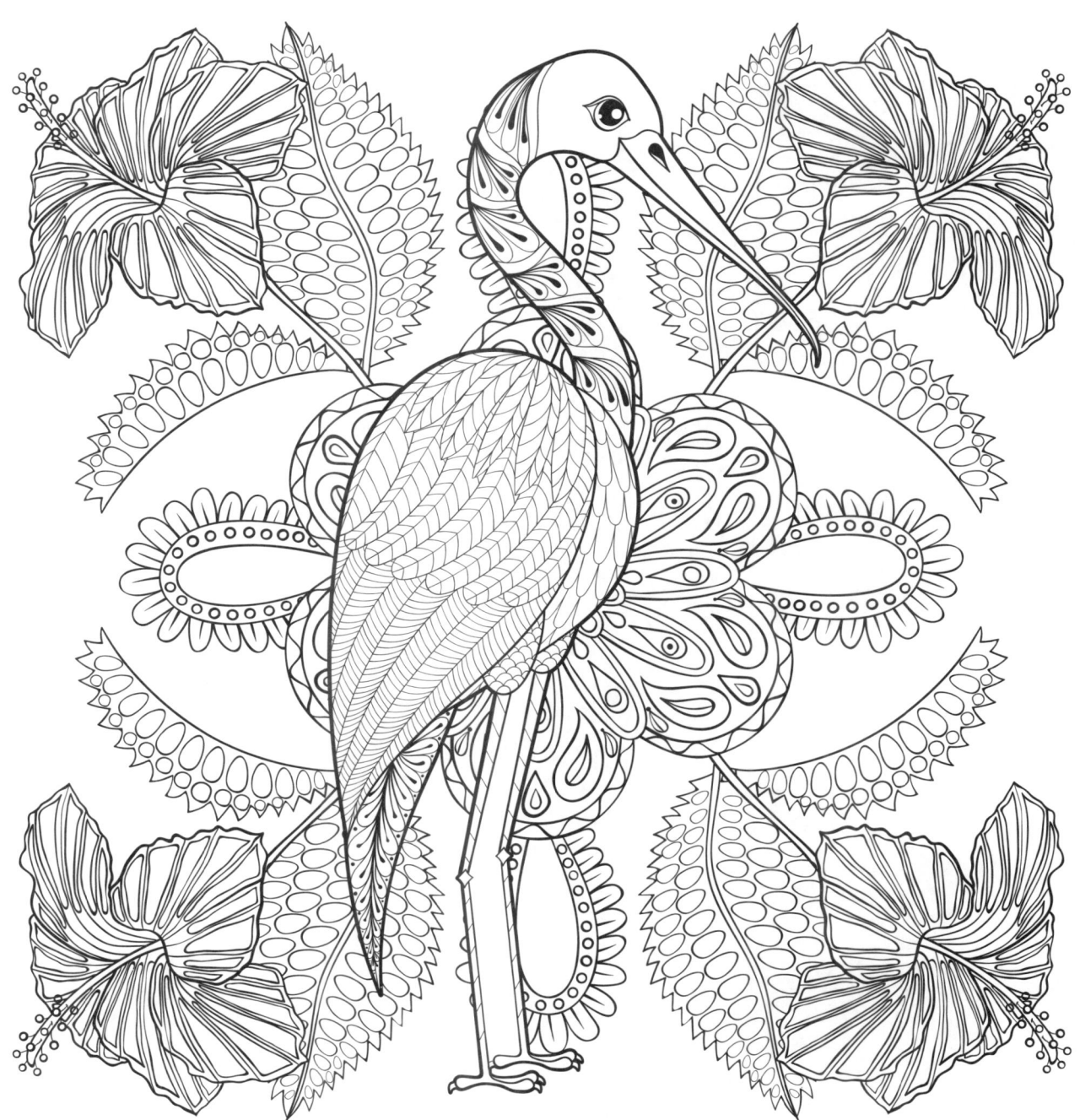

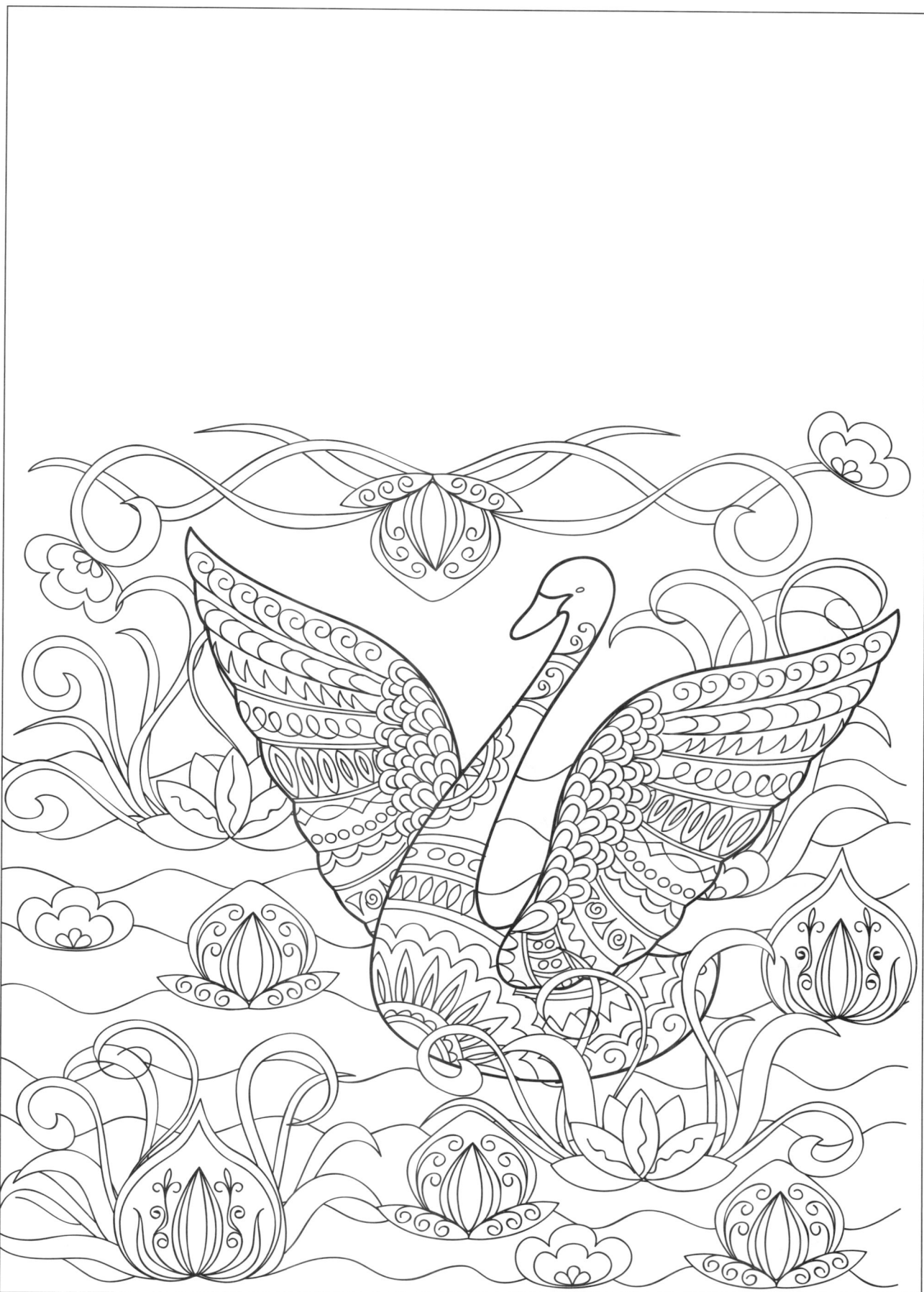